MARIE-FLORENCE BENNES
CHRISTIAN RAUSCH

Tibétains

peuple du monde

« Prenez pour exemple l'oiseau qui vole dans le ciel sans laisser aucune trace,
et laissez, sans aucune trace, les pensées s'effacer d'elles-mêmes de l'esprit ! »

Extrait de chants figurant dans l'autobiographie de Shabkar, yogi tibétain du XIXe siècle.
Danièle Masset, Docteur en Études indiennes et tibétaines, traductrice, Paris.

Préface

Résultat d'une longue et complexe relation entre un peuple, un espace et une histoire, une culture mérite toujours d'être repensée, tant sa connaissance se révèle inépuisable, au fil des événements qui la transforment. D'où l'importance de chacune des approches qui tentent de la cerner, de la comprendre et de la faire aimer et respecter de tous. Pas plus que les très nombreux autres ouvrages publiés sur le Tibet, celui-ci ne réussira à tout dire de cette lointaine contrée et de la fascinante culture dont elle est le berceau. Remercions cependant ses auteurs pour l'apport de leur regard informé, singulier et sensible et, surtout, pour reconnaître, d'entrée de jeu, l'appartenance au monde du peuple tibétain.

Car le titre de ce livre comme de l'exposition qu'il prolonge, vérifie l'un des principes fondamentaux de la Déclaration universelle de l'UNESCO sur la diversité culturelle. Approuvée à l'unanimité des États membres, le 2 novembre 2001, elle indique en effet que chaque culture, sans exception, s'enrichit au contact des autres et que sa reconnaissance garantit la paix autant que le développement individuel et collectif. Ainsi en est-il de la culture et de la spiritualité tibétaines, toujours plus appréciées, particulièrement en Isère. Pourquoi dans ce département alpin ? Pour la montagne peut-être et le goût du dépassement qu'elle insuffle, propice à la fraternisation ; pour la résistance dont ce peuple fait preuve et dont les Isérois conservent vivement la mémoire et le goût ; et très certainement aussi pour les valeurs de paix et de dialogue qu'avec une imperturbable douceur, le Dalaï-lama continue de défendre.

Loin des vives polémiques que suscite l'avenir du Tibet, ce livre et l'exposition qui l'accompagne tentent un « état des lieux » pour favoriser une réflexion sereine sur les Tibétains et le Pays des neiges.

Le Président du Conseil général
André Vallini
Député de l'Isère

Avant-propos

Une culture qui pose la question de l'avenir du monde

Quand, au début de l'été 2008, Marie-Florence Bennes et Christian Rausch proposent de présenter une exposition sur le Tibet, nous en sommes déjà convaincus, un ouvrage sera nécessaire. Malgré ses potentialités, l'exposition ne pourrait rendre compte aussi bien de la complémentarité, de la richesse et de la sensibilité de leurs approches. La somme de leurs expériences et le profit de leurs nombreux voyages le méritaient bien. Et puis il y a la trace qu'ils laisseraient, une fois l'exposition démontée. Aussi sommes-nous très reconnaissants à Critères Éditions d'avoir mis leurs compétences au service de ces auteurs.

Proposées tour à tour à la contemplation et à la réflexion, les pages de ce livre sont d'abord le fruit d'une étroite connivence, nourrie d'une passion commune pour le Tibet et les Tibétains. Les décrivant comme hospitaliers, disponibles, souvent candides et toujours souriants, les auteurs font de cette population un modèle d'humanité qui rend d'autant plus difficilement supportable les agressions dont elle est victime. Disons le clairement, leur parti est celui des Tibétains. Pour eux, comme pour une majorité d'Occidentaux, leur cause est juste et doit être entendue, connue, défendue. Sinon, le sort de cette population sera réduit à celui des Indiens d'Amérique, et l'humanité, privée d'une culture d'autant plus précieuse qu'elle pourrait bien, comme certains le pensent, concourir à son salut. C'est la raison pour laquelle Marie-Florence Bennes et Christian Rausch pressentaient d'abord le Musée de la Résistance pour accueillir leur projet, pour attirer l'attention sur la fermeté silencieuse des Tibétains, résolus à ne rien céder à la force et à rester fidèles à leurs façons d'être.

Parce que c'est dans leur culture qu'il faut rechercher les explications d'un tel comportement et que le Musée dauphinois disposait déjà d'une certaine expérience pour explorer la culture des autres, son cadre apparaissait plus favorable. Sa vocation anthropologique pouvait aussi lui permettre d'échapper plus facilement aux polémiques suscitées par la cause tibétaine. Car dès l'annonce du projet, nous constations que l'immense capital de sympathie dont bénéficient les Tibétains ne faisait pas partout l'unanimité. Des voix s'élevaient en effet pour nous prévenir : attention aux discours partisans, aux chausse-trapes et aux risques d'erreurs, particulièrement nombreux à propos du Tibet. Allant jusqu'à nous soupçonner de militer pour l'indépendance, d'autres nous mettaient en garde : toute tentative d'ingérence dans la politique d'un État de droit aurait de graves conséquences ! Bref, les échanges que nous avons souhaité multiplier avec les responsables de la quinzaine d'associations locales qui s'intéressent au Tibet, mais aussi avec les personnalités et les experts scientifiques qui le connaissent, n'ont pas toujours été sereins. Nous n'avons pourtant jamais cessé de défendre, depuis le Musée dauphinois, qu'il n'est pas possible d'approcher une culture, sans reconnaître à ceux qui la partagent, le droit de la vivre librement, dans le respect mutuel de chacune des autres cultures. Il en fut souvent question dans ce musée et notamment en 1989, tandis qu'une exposition, *Villages de Roumanie, identités en péril*, dénonçait les irrémédiables méfaits d'un dictateur ignorant. Indirectement, c'est encore des circonstances politiques qui mettent une culture en danger qu'il fut question en 1993, tandis que le Musée dauphinois présentait : *Tibet en exil, le dalaï-lama et le bouddhisme tibétain*. Coïncidant avec l'accueil du dalaï-lama à Grenoble, l'exposition des photographies d'Henri Bancaud posaient déjà la question : Comment une culture et une religion peuvent-elles survivre, à l'écart de leur terre d'origine ?

Confirmé dans la « Déclaration universelle sur la diversité culturelle », ainsi que le rappelle dans sa préface le Président André Vallini, le droit des peuples à vivre leur culture est désormais une idée qui prévaut à l'échelle mondiale. Ce livre et l'exposition n'ont d'autre intention que de reprendre cette même idée et de la mettre en discussion, non pour opposer ou discréditer tel ou tel, mais pour nourrir un dialogue qui, jusqu'ici, peine à s'établir. Il est à souhaiter, notamment, que les quelque 1 000 étudiants chinois qui fréquentent les universités grenobloises, répondent à l'invitation que nous leur adressons de venir au musée et de participer aux échanges qui vont se succéder pendant la présentation de l'exposition.

Même si ce sont des travaux de Marie-Florence Bennes et de Christian Rausch que se nourrit l'exposition, son propos diffère quelque peu de celui de l'ouvrage. Cela tient aux possibilités du langage expographique, à la création d'ambiances, voire d'imprégnations, susceptibles de transporter le visiteur dans l'espace et le temps mais aussi à une façon de faire du Musée dauphinois. Bien que, des Alpes au Tibet, la montagne et l'activité pastorale pourraient suggérer des comparaisons, les différences y sont tout de même beaucoup plus nombreuses que les ressemblances. Dès qu'apparaissent les précieuses statuettes des divinités du panthéon tibétain, exceptionnellement sorties des collections de l'École française d'Extrême-Orient, le dépaysement devient total. Car tout dans la nature est sacré, pour ce peuple éminemment mystique. La visite se poursuit autour de l'histoire et de la répartition géographique de la culture tibétaine puis s'interrompt, le temps d'une pause. Là, seule l'image « parle ». Elle dit, à propos de la titanesque liaison ferroviaire qui relie Lhassa au reste de la Chine, combien ces régions sont en train de muter, au contact brutal de la modernité. L'identité tibétaine survivra-t-elle aux changements qu'elle connaît au Tibet, faute, aussi, de la reconnaissance et du respect qu'elle mérite ? Au visiteur d'apprécier la nature, la profondeur et les conséquences de ces bouleversements. À lui, aussi, de voir comment les exilés se sont organisés pour l'existence d'un Tibet politique, libre et démocratique et pour la transmission d'une culture millénaire. Le parcours de l'exposition se poursuit par un retour aux Alpes et aux résonances qu'y connaît le Tibet aujourd'hui. Nombre d'associations, de lieux de spiritualité et d'événements d'inspiration tibétaine, tels les pèlerinages circumambulatoires qui se déroulent autour du Mont-Blanc, entretiennent ces relations. La visite s'achève devant l'expression de quelques points de vue sur l'avenir de cette culture. Au visiteur, là encore, de partager ou non l'opinion de ceux qui la donnent et d'y forger la sienne.

Le lecteur jugera des différences et des convergences qui séparent ou rapprochent l'ouvrage de l'exposition. Au contact qu'elle permet du peuple tibétain, nous retiendrons quant à nous combien sa culture est fragile et forte à la fois. Les changements sont tels, au Tibet chinois, si rapides et si profonds, que l'on peut croire son avenir menacé. Cependant, la force et la vitalité dont elle témoigne, à Dharamsala et ailleurs, autant que l'engouement qu'elle suscite, partout dans le monde, peuvent laisser penser que son avenir soit assuré. Le lien au territoire est-il donc indispensable au développement d'une telle culture ? L'humanité saura-t-elle résister à l'uniformité, sur l'inévitable voie de la globalisation ? Telles sont finalement les questions centrales que pose l'avenir de la culture tibétaine. Marie-Florence Bennes et Christian Rausch les alimentent ici de leur connaissance sensible et intime d'un peuple et d'un espace qu'ils aiment profondément.

Jean-Claude Duclos, Directeur du Musée dauphinois

Yecheng
désert du Taklamakan
XINJIANG
Hotan
1410
route de la Soie
JAMMU
Chogori
K2
8611
8047
8035
8068
8126
Indus
ET
Karakorum
Ladakh
chaîne des monts
monts de Prjevalsky
7723
6920
6305
Islamabad
Srinagar
Zanskar
chaîne
CACHEMIRE
Leh
3500
6420
RÉPUBLIQUE
6142
Sengye
Changthang
PAKISTAN
Dharamsala
Siège du gouvernement tibétain en exil
6708
Aire cultur
HIMACHAL PRADESH
Gegye
Khabab
Lahore
Gertse
XIZANG
6300
Chandigarh
Langchen Khabab
Ngari
PUNJAB
Nyima
6714
Gang Rinpoche
Kailash
5000
(RÉGION AUTONOME
Sutlej
Himalaya
UTTARANCHAL
Mapham Yumtso
Manasarovar
4434
Tsochen
DU TIBET)
7816
Nanda Devi
Namtso
Chukmo
HARYANA
New Delhi
215
Mustang
Tsang
RAJAHSTAN
8167
Daulaghiri
Shishapangma
8013
Lhatse
Lhaze
Yarlung Tsangpo
8163
Tingri
Dingri
Tashilhunpo
Shigatse
Xigaze
Annapurna
8091
Cho Oyu
8201
Chomolungma
Everest
Gyantse
Gyangze
NÉPAL
8848
8516
8463
SIKKIM
7300
Katmandou
1450
Gange
Lucknow
8586
Kangchenjunga
Thimbu
Gangtok
BHO
Darjeeling
UTTAR PRADESH
INDE
BIHAR
Varanasi
(Bénarès)
MADHYA PRADESH
BANGL
LÉGENDE
Frontière entre États
Subdivision administrative
Aire culturelle tibétaine
Ü
Ancienne province tibétaine
Parcours suivis par M.-Fl. Bennes et C. Rausch (2000-2009)
Baichen
Bayi
Toponyme tibétain et équivalent chinois (pinyin)
Monastère tibétain (sélection sur les parcours)
lac
sommet
Site naturel sacré tibétain (sélection dans l'aire)

monts Altun
monts Qilian
MONGOLIE INTÉR.
désert de Gobi
Yinchuan
(Fleuve Jaune)
NINGXIA
5644
Tso Ngo
Kokonor
3200
6008
Da Tsaidam
Delingha
GANSU
Xining
Lanzhou
Tibet
Chine
Inde
Kunlun
Gormo
Golmud
2829
monts Marco Polo
5945
voie ferrée
QINGHAI
Huanghe
Amdo
Dhomey
Machen
Xian
POPULAIRE DE CHINE
Machu
5100
SHANXI
6205
nggula
5072
Drichu
Jyekundo
lle tibétaine
Amdo
Nagtso
Sok Dzong
Sog Xian
Zachu
Tengchen
Dengqen
Dzachu
Barkam
Nagchu
Naqu
Khyungpori
Tsedrug
Tsuglhakhang
Jampaling
Chamdo
Qamdo
Derge
Kantze
SICHUAN
Chengdu
Gyalmo Ngulchu
Riwoche
Riwoqe
18
Damshung
Damxung
6920
Kyithang
Gyitang
Dartsedo
Jagsamka
Chongqing
Kyichu
Ü
Lhamo
Latso
Namche Barwa
Namjagbarwa Feng
Nyingtri
Nyingchi
Batang
Litang
Kham
Dhotoe
Markham
7556
Minya Konka
Lhassa
Baichen
Bayi
Pome
Bomi
Pasho
Baxoi
Samye
Tsethang
Zetang
Kongpo
7756
Rawok
Rawu
6270
Yalong
Gongkar
Konggar
Yumbu
Lhakhang
(palais)
mdrok
mtso
Himalaya
7102
ARUNACHAL PRADESH
Jiang
Yangtse Jiang (Fleuve Bleu)
Zhongdian
GUIZHOU
Guiyang
AN
Brahmapoutre
ASSAM
NAGALAND
Irrawaddi
Nord
Kunming
YUNNAN
EGHALAYA
BIRMANIE
Salouen
Mékong
0
300 km
MANIPUR
SH
carte : Thomas Lemot

Introduction

Ce livre est une invitation à partager un voyage subjectif, nostalgique, dans le temps et l'espace au Pays des neiges et en terre d'exil tibétaine. À deux, un auteur et un photographe, nous arpentons le haut plateau himalayen et ses contreforts au fil des événements, des rencontres de hasard. Certains trajets sont programmés, d'autres improvisés. Notre but est d'écouter, de regarder et de sentir. Nos sens sont toujours en éveil. La rencontre avec l'autre, l'inconnu, est un élément primordial. C'est un voyage vers... Le contexte est différent d'ailleurs. Il ne faut pas oublier, le Tibet a perdu sa liberté depuis plus d'un demi-siècle.
Ici, sur le Toit du monde, l'autre est multiple. Il lui a fallu s'adapter à un environnement qui est l'un des plus rudes du monde. Le Tibet est une terre de contrastes et d'extrêmes. Le Pays des neiges, en référence aux imposantes chaînes montagneuses qui l'encerclent et à ses sommets majestueux, se transforme soudain en une vaste plaine désertique, aride, asséchée par un vent violent, puis offre, sans prévenir après le passage d'un col, un paysage de vallées luxuriantes au climat doux.

Les personnes rencontrées au cours de nos périples sur le haut plateau représentent un étonnant kaléidoscope. Leurs points communs sont leur accueil chaleureux, leur sourire et rire spontanés, leur tolérance devant l'inconnu et pour certains, leur naïveté enfantine. Cet étonnement, leur intérêt vis-à-vis de l'étranger et leur croyance superstitieuse ont certainement contribué à la perte de leur autonomie. Face à l'immensité de leur territoire, les habitants du Toit du monde se sont toujours montrés humbles et respectueux. Les codes établis ont pris en compte le redoutable environnement. Nomades, moines, laïcs, commerçants, tous se déplacent au fil des saisons, des besoins.

Nos premiers pas hésitants sur ce haut plateau, il y a vingt ans, se sont faits dans des bus inconfortables où les voyageurs étaient entassés les uns sur les autres, sur des tracteurs bringuebalants qui crachaient une fumée asphyxiante, sur des chevaux tranquilles qui nous menaient sans nécessité de les diriger à un monastère perdu dans la montagne. Par mesure de sécurité, le chauffeur du bus et son aide étaient séparés des voyageurs par une grille. Fréquentes étaient les rixes entre Tibétains et Chinois. Nous logions dans les monastères ou chez les villageois. C'était déjà interdit par le gouvernement de Pékin, mais déjouer la surveillance policière était un jeu pour les habitants du Toit du monde. Le désir de rencontrer l'autre prenait le dessus.

Aujourd'hui, l'environnement s'est transformé, les rencontres se font rares ou discrètes, car suspectes. Nous sommes toujours attirés par ce haut plateau, si vaste, si beau, si magique. Un regard ou un geste illuminent le parcours. Offrir une banane à un vieux nomade chevauchant fièrement la plaine et le voir croquer dedans sans enlever la peau, nous plonge dans un espace rare que la civilisation n'a pas encore gâché.

Récit de voyages

Ce livre, est une invitation à découvrir le Tibet au travers du récit de nos voyages.

Lhassa*, aujourd'hui capitale de la Région autonome du Tibet (RAT*), occupe une place centrale sur le plateau tibétain. La superficie de la RAT correspond à 2,2 fois celle de la France. Son altitude moyenne est de 4000 mètres. Sa latitude correspond à celle de l'Algérie. L'ancienne cité des dalaï-lamas a souvent été le point de départ de nos explorations dans les autres régions. L'axe occidental Lhassa – Katmandou est aussi un itinéraire incontournable pour entrer ou sortir du Tibet si on veut éviter l'avion ou simplement découvrir les régions Ü et Tsang en longeant la chaîne himalayenne. Nous commençons par le train du *QingZang*. Aux prouesses technologiques extrêmes impressionnantes se superposent les mises en garde des défenseurs de l'environnement, les alertes lancées par la diaspora tibétaine et les appels au secours des nomades, fermiers et autres locaux.

Lhassa, en perpétuel développement, conserve en son centre historique la mémoire de son passé. Malgré les transformations, les Tibétains sont là pour le rappeler. Au milieu du brouhaha de la cité, ils répètent les mêmes gestes, les mêmes prosternations, suivent les mêmes chemins de pèlerinage, murmurent inlassablement leurs prières. Une boucle de plus de 3 500 kilomètres vers l'Est invite à la découverte d'un Tibet généralement oublié. Nous avons suivi les routes Sud et Nord reliant le Tibet central à la province chinoise du Sichuan en traversant le Kham.

Ce voyage se termine par deux lieux de refuge. Le premier, Dharamsala en Inde du Nord, siège du Gouvernement tibétain en exil. Le second, Katmandou au Népal. Là, comme dans les autres villages népalais où résident des réfugiés tibétains, la mobilisation a été forte lors du soulèvement du printemps 2008 au Tibet.

Toponymes

En imposant son système de sinogrammes et de transcription phonétique, le gouvernement chinois a délibérément et définitivement brouillé les pistes de la toponymie originelle tibétaine. Celle-ci était d'une complexité et d'une richesse digne de la multiplicité de l'aire culturelle du Pays des neiges. Véritable casse-tête pour les chercheurs occidentaux du siècle précédent, cette toponymie reflétait l'évolution historique locale et régionale territoriale.

Nous utilisons, dans la mesure du possible, en priorité les transcriptions phonétiques des noms d'origine tibétaine et notons leur correspondance en transcription pinyin chinoise.

Aujourd'hui, les cartes indiquent principalement les noms de lieux en pinyin, qui bien souvent ne correspondent pas à l'appellation d'origine tibétaine.

Abréviations

* renvoie au glossaire ;
(ch.) : chinois,
(fr.) : français,
(n.) : népalais,
(s.) : sanscrit,
(t.) : tibétain,
(m.) : masculin, mâle,
(f.) : féminin, femelle.

Une si longue histoire

En préambule à une immersion dans notre récit de voyages au Tibet, voici un aperçu historique de ce vaste territoire qui représente, dans ses frontières culturelle et ethnique avant 1949, sept fois la France. Suite à l'invasion chinoise et à la fuite de son chef spirituel et temporel en 1959, le 14e Dalaï-lama, le Pays des neiges est morcelé et incorporé à quatre provinces occidentales de la Chine (Yunnan, Sichuan, Gansu et Qinghai). En 1965, le vaste territoire tibétain est réduit à la Région autonome du Tibet (RAT). Si la superficie de ce territoire (3,8 millions de km^2 carrés avant l'occupation ou 1,3 millions de km^2 pour la RAT) est impressionnante, le taux de sa population est exceptionnellement faible. Le Tibet historique et culturel, *Cholka-Sum*, équivalait au quart de le superficie du continent chinois. La rapide comparaison entre le taux de population de Hans et de Tibétains est éloquente. *L'Annuaire statistique de Chine et recensement* de l'année 2000 publie le chiffre de 5 416 millions de Tibétains et de 1 159 milliards de Chinois Hans. Dans la RAT, 7,5 millions de Hans sont recensés. À Lhassa, capitale sacrée historique, la grande majorité de la population nouvellement implantée est chinoise.

Une présence humaine est attestée au Tibet dès l'époque néolithique. Mythe et réalité se mêlent à l'aube de la création du premier royaume du Pays des neiges. D'après la légende, le peuple tibétain est issu de l'union d'un singe et d'une démone. Le berceau mythique se situe dans la vallée du Yarlung, au sud de Lhassa. Le premier roi descendu du ciel, Nyatri Tsenpo, aurait édifié son palais sur un promontoire dominant cette vallée, en l'an 127 avant notre ère. En ce temps-là, face à l'immensité de leur environnement, les habitants de ce haut plateau n'hésitent pas à se nommer les « nains ». L'histoire du Tibet devient crédible à la fin du VIe siècle après J.-C., lorsque les événements sont pour la première fois consignés dans les *Annales tibétaines*. Une trentaine de rois de la dynastie Yarlung a régné jusqu'à cette époque.

Les premières royautés

En s'alliant à des tribus rivales, Namri Songtsen unifie une partie du Tibet central. Son fils, Songtsen Gampo (env. 617-650) étend son pouvoir aux portes de l'Asie centrale, en Chine occidentale, au Népal et en Inde septentrionale. Conquêtes martiales et alliances matrimoniales assoient la puissance du jeune roi. Outre cinq Tibétaines de noble classe, il épouse une princesse népalaise, Bhrikuti, et une princesse impériale chinoise, Wencheng. Toutes deux, ferventes bouddhistes, influencent le souverain qui devient le premier roi religieux.

L'unité au sein du gouvernement tibétain est renforcée par Trisong Detsen (742-797) qui multiplie les faits de guerre et envahit Chang'An (l'actuelle Xian), alors capitale des empereurs chinois Tang. Sa réputation de guerrier n'entache pas son image mythique de souverain divin. Sous son règne, le bouddhisme est déclaré religion d'État. De nombreux temples et monastères sont édifiés. Le nombre de moines progresse sensiblement. Certains lamas occupent déjà un rôle important au sein du gouvernement, ce qui n'est pas du goût des chefs de clans nobles. En 838, le troisième roi religieux, Ralpachen, est assassiné. Son frère aîné, Langdarma, farouche opposant au bouddhisme, monte sur le trône. Il est, à son tour, assassiné en 842, probablement par un moine qui veut mettre un terme à la persécution du bouddhisme. Il est le 46e et le dernier roi de la dynastie Yarlung.

Près de 150 ans d'intrigues, meurtres, querelles de clan, exil, provoquent la dislocation d'une partie de l'empire tibétain. Le Pays des neiges tarde à connaître une période prolongée de calme. Si l'histoire du Tibet ne rapporte que peu d'indications précises quant à la gouvernance du territoire éclaté, en revanche les sources d'information qui concernent les activités spirituelles, déployées aux confins du haut plateau, foisonnent.

Deuxième diffusion du bouddhisme

Influencées par des sages indiens, les cités monastiques se développent et essaiment. Atisha* (982-1054) est l'un des initiateurs du retour du bouddhisme au Tibet. Suivent Marpa* (1012-1096), maître du sage et poète Milarepa* (1040-1123). Peu à peu se tisse un véritable réseau d'ordres spirituels aux ramifications et à l'influence grandissante, fondement de la société tibétaine actuelle. Les disciples de Milarepa fondent l'école *Kagyü*, qui se divise en plusieurs branches. En 1073, le monastère *Sakya* est édifié. Il devient le siège de l'école *Sakya*. Les « Anciens », de l'école *Nyingma* reprennent leurs enseignements et traductions. L'école *Bönpo*, se réclamant de la croyance tibétaine prébouddhique, se forme.

Pendant ce temps, du Ve au XIIe siècle en Inde, le bouddhisme durement éprouvé par les invasions des Huns et des musulmans perd

Le roi Songtsen Gampo (VIIe s.), sous l'influence de ses épouses bouddhistes, Bhrikuti princesse népalaise et Wencheng princesse impériale chinoise, devient le premier roi religieux.

<< page précédente
Lhassa.
Le Potala, 2000.

toute son influence. Le plateau tibétain, qui accueille les persécutés, ne peut plus compter sur le soutien de son voisin et allié historique. Dès le XIIIe siècle, les Mongols changent la destinée du haut plateau. En 1240, Godan, fils de Gengis Khan, décide d'envahir le Tibet et se rapproche de la capitale Lhassa. Les Tibétains sont incapables d'affronter la déferlante guerrière. Pourtant, au lieu de finaliser ses attaques, Godan invite à sa cour un des lamas tibétains les plus célèbres, Sakya Pandita, l'abbé de Sakya. Il lui propose un marché : l'enseignement des préceptes bouddhiques de compassion et de non-violence contre la protection du Tibet. Ceci marque le début de la relation maître religieux/protecteur, appelée *chöyön*. Le chef mongol attribue à Sakya Pandita le rôle de chef spirituel. À la mort de Sakya Pandita, son neveu Phagpa, protégé par Khubilaï hérite de la charge. L'ordre des *Sakya* est le grand bénéficiaire de cette alliance, la succession se faisant d'oncle à neveu. Khubilaï, grand khan de l'empire mongol, converti au bouddhisme, instaure une administration aux pouvoirs spirituel et temporel sur le haut plateau. Il poursuit les conquêtes territoriales en Chine de son père et de son frère aîné, décédés. En 1271, il devient empereur de Chine et fonde la dynastie des Yuan.

Le Tibet n'est pas apaisé pour autant. Les rivalités entre écoles religieuses, économiquement prospères, et lignées familiales nobles s'amplifient, avec comme enjeu la prise du pouvoir politique. Vers le milieu du XIVe siècle, le Tibet sort du giron des Mongols sous l'autorité du clan Phagmo Drupa, affilié aux *Kagyupa*. Les *Sakyapa*, affaiblis, sont écartés du pouvoir. Changchub Gyeltsen (1302-1364) réunifie le Tibet. Il annule la division en treize myriarchies (districts administratifs) instituées par Khubilaï et revient à l'ancien système des provinces en nommant des gouverneurs. Après sa mort, des princes dirigent le pays.

Le bouddhisme fait désormais partie intégrante du pays. Au cours de cette dynastie, Tsongkhapa (1357-1419), fondateur de l'école *Gelug*, les « Vertueux », entre en scène. Sa doctrine, basée sur des principes du retour à une morale religieuse stricte et à l'enseignement philosophique, connaît un grand succès. Quatre écoles monastiques majeures sont construites, dont trois près de Lhassa : Ganden, Sera et Drepung et une à Shigatse, Tashilhunpo. Les *Gelugpa* adoptent le système de succession de leurs maîtres par réincarnation. Un *troulkou** est un jeune enfant reconnu pour être la réincarnation d'un grand maître.

Parallèlement, l'Empire de Chine est passé de la domination mongole des Yuan à la dynastie Ming (1368-1644). Les empereurs chinois tentent de conserver une mainmise sur le Tibet. Cependant, la relation ne dépasse guère le stade d'accords et de tributs. Les religieux ont pour mission de transmettre l'enseignement de Bouddha. Les affaires religieuses et politiques s'entremêlent et les intérêts économiques rythment bien souvent la vie des monastères.

Le règne des dalaï-lamas, la théocratie

À la fin du XVIe siècle, le chef mongol Altan Khan se convertit au bouddhisme de l'école *Gelug*. Il fait venir à sa cour Sonam Gyatso (1543-1588), l'abbé de Drepung, pour suivre ses enseignements et lui octroie le titre de *Tale*, « Océan de sagesse » en mongol, origine du nom dalaï-lama. Deux abbés précédents reçoivent à titre posthume le titre de dalaï-lama.

Les *Gelugpa*, soutenus par le chef mongol Gushri Khan, consolident leur assise. Le 5e Dalaï-lama, Ngawang Lobsang Gyatso (1617-1682), est intronisé en 1642. Il réunit pour la première fois les pouvoirs spirituel et temporel. Le Tibet devient une théocratie. Lhassa en est la capitale. La construction de l'impressionnant palais du Potala débute. Ngawang Lobsang Gyatso reçoit le soutien de la population tibétaine. Le vaste pays est à nouveau unifié. Ses frontières

s'étendent du Ladakh à l'ouest au Kham à l'est, des territoires septentrionaux de l'Amdo à la chaîne méridionale de l'Himalaya. Son influence rayonne jusqu'en Asie centrale.
Après le temps de protection des Mongols, suit le temps du protectorat chinois. En 1720, Kangxi, empereur mandchou, lance ses troupes à Lhassa, chassant les Dzungar, guerriers mongols, protecteurs des *Gelugpa*. Il intronise le 7e Dalaï-lama, Kelsang Gyatso (1708-1757), et déclare le Tibet protectorat de l'Empire chinois. Pour consolider la présence de la Chine, Kangxi envoie des *ambans** à Lhassa. Cette influence se dilue peu à peu, jusqu'à ne devenir au XIXe siècle qu'une relation d'échanges de cadeaux, tels que le sel, la laine.

Un enjeu géostratégique

La situation se renverse, au début du XXe siècle, sous le règne du 13e Dalaï-lama. Les Britanniques, bien implantés sur le sous-continent indien, veulent établir des relations commerciales avec le Tibet. Ils sont convaincus de sa situation géostratégique centrale entre la Chine, la Russie et les Indes. Influencée par les Chinois, l'autorité tibétaine refuse. En 1904, une expédition conduite par le colonel Francis Younghusband entre dans Lhassa. Le Dalaï-lama s'enfuit en Mongolie. Les représentants tibétains signent un accord commercial avec les Britanniques. De 1907 à 1911, l'empire du Milieu tente, en vain, de prendre par la force le contrôle du Tibet central. Le 13e Dalaï-lama, revenu en 1909 à Lhassa, expulse les Chinois et proclame le 8 janvier 1913 l'indépendance du Tibet. À sa mort, en 1933, Pékin envoie une mission à Lhassa. Les Britanniques en ouvrent une en 1936. Les Russes sont écartés. Le gouvernement tibétain réalise, trop tard, que le Pays des neiges est un enjeu géostratégique mondial convoité. Lorsqu'en 1947 les Britanniques se retirent d'Inde, le Tibet perd le seul allié prêt à défendre son indépendance face à la convoitise chinoise.
Au lendemain de la création de la République populaire de Chine, le 1er octobre 1949, Mao Zedong décide de « libérer » le Tibet. L'Armée populaire de libération (APL) se déploie aussitôt sur les marches orientales sino-tibétaines, du nord au sud. Un an plus tard, 40 000 soldats encerclent Chamdo, capitale du Tibet oriental. Face à ces troupes, une poignée de combattants tibétains, des moines et la population résistent. La ville tombe. Le gouvernement chinois clame le rattachement à la « Mère patrie » du Kham et de l'Amdo, les deux provinces occupées du Tibet oriental. Le gouvernement tibétain lance un appel à l'Inde et au Royaume-Uni. En vain.

Occupation chinoise

Face aux événements, le 14e Dalaï-lama, Tenzin Gyatso se voit confier les pouvoirs spirituel et temporel. Il n'a que 16 ans. La menace militaire se précise aux abords de Lhassa. Le jeune souverain est contraint de fuir à la frontière indienne. La Chine en profite pour imposer à une délégation tibétaine invitée à Pékin la signature d'un accord en 17 points. Le Dalaï-lama et les membres du gouvernement tibétain, de retour à Lhassa en 1951, découvrent, impuissants, que le Tibet est intégré à la Chine et que la population tibétaine fait partie des minorités de l'empire du Milieu. Le déploiement militaire affecte tout le haut plateau. 3 000 soldats de l'APL entrent à Lhassa. Les répressions politique, économique et sociale s'intensifient. Les résistants, contraints de reculer face à aux troupes communistes, tentent de se regrouper. En 1959, l'alerte devient maximale lorsqu'une rumeur d'enlèvement du Dalaï-lama circule dans la capitale. La révolte gronde dans la foule qui demande l'annulation de l'accord en 17 points, le retrait

Au lendemain
de la création de la République populaire de Chine,
le 1er octobre 1949,
Mao Zedong décide de « libérer » le Tibet.

des troupes chinoises et le retour à l'indépendance du Tibet. Les Chinois répliquent par la force. Des milliers de Tibétains sont tués. Les estimations oscillent entre 2 000 et 10 000. Déguisé en paysan, sous la protection de guerriers Khampas, le chef suprême s'enfuie en Inde le 30 mars 1959. 80 000 Tibétains fuient à sa suite. Une répression terrible s'abat sur le Tibet. Certains avancent le nombre de 70 000 Tibétains prisonniers envoyés en camp de travail. Très peu en reviennent. En 1961, suite à une redistribution des terres et contraint d'abandonner sa traditionnelle culture d'orge au profit du blé pour nourrir l'occupant chinois, le Pays des neiges connaît pour la première fois une grave famine sur tout son territoire.

Les gardes rouges de la Révolution culturelle* complètent l'œuvre destructrice de l'occupation militaire, s'acharnant systématiquement sur tous les symboles identitaires et religieux du Tibet, torturant et exécutant moines, opposants ou sympathisants du Dalaï-lama. Le massacre dure plus d'une dizaine d'années. Des manifestations sporadiques sont tentées, de temps à autre, aussitôt suivies de violentes répressions. Une Commission internationale de juristes reconnaît, en 1969, que le Tibet était de fait indépendant entre 1911 et 1950. En 1961 et 1965, l'ONU condamne par deux fois la Chine pour son annexion du Tibet. De son côté, toujours en exil à Dharamsala en Inde du Nord, le 14e Dalaï-lama essaie de renouer le dialogue avec les autorités chinoises et propose une « Voie médiane ». L'indépendance du Pays des neiges n'est plus à l'ordre du jour. Une véritable autonomie, l'arrêt des transferts de colons et militaires, le Tibet comme zone de paix et de protection de l'environnement, sont quelques-unes des propositions du Gouvernement tibétain en exil.

En novembre 2008, devant le refus de la Chine de négocier et l'échec des propositions faites par le Dalaï-lama (entre autres la « Voie médiane » et une autonomie réelle pour le Tibet, conformément à la Constitution chinoise), celui-ci convoque à un congrès exceptionnel tous les représentants élus des Tibétains en exil dans le monde entier. Le chef spirituel et temporel entend mettre en cause sa fonction politique. Durant une semaine, plus de 600 responsables tibétains se réunissent et participent à des groupes de travail, sans la présence du Dalaï-lama, événement exceptionnel. Il en ressort le soutien inconditionnel de tous les participants, même des responsables d'organisations radicales comme le *Tibetan Youth Congress* ou le *National Democratic Party*, favorables à une ligne dure allant jusqu'à la revendication de l'indépendance du Tibet. Tous reconnaissent l'autorité du 14e Dalaï-lama vis-à-vis de la communauté internationale et lui demande de rester leur représentant politique.

Une condition a cependant été abordée : si le gouvernement chinois persistait dans la dénégation de l'ouverture du dialogue, le Dalaï-lama se retirerait des affaires politiques et des actions violentes seraient à craindre.

<
Trafic ordinaire sur la Dekyi Shar Lam (t.), rebaptisée Beijing Donglu (ch.) ou rue Est de Pékin. Artère commerçante proche du Potala.
Les voitures de marques étrangères (VW) ou chinoises appartiennent à l'administration de la Région autonome du Tibet (RAT).
Les Tibétains sont, eux, juchés sur des charrettes. Au fond, des boutiques chinoises. Aucune inscription tibétaine n'est visible.
Tout est écrit en mandarin ou parfois en anglais.

<
Une fileuse devant une échoppe sur la rue Mentsikhang, proche du Barkhor, vieille ville.

<
Dekyi Shar Lam (t.), rebaptisée Beijing Donglu (ch.) ou rue Est de Pékin. Une petite Tibétaine et sa maman. Derrière elles, un paysan chinois reconnaissable à sa façon de porter ses paniers sur l'épaule, un jeune Chinois devant une boutique et d'autres colons chinois à côté de bicyclettes.

^
Imperturbable aux démolitions
et à la reconstruction d'un quartier
proche du palais du Potala,
une Tibétaine suit le chemin
de pèlerinage.

KONKA

<
Dans un grand magasin de Lhassa,
deux moines flânent devant
le rayon de télévisions.

^
Au nord du Barkhor,
le temple Ramoche. Il fut construit au
VIIe siècle en même temps
que le Jokhang.
Bien que de moindre importance,
les pélerins viennent nombreux.
Au XVe siècle, un collège
d'études tantriques supérieures
fut créé en son sein.

<
Jeune nomade sur la route
au-delà de Tingri, Tibet occidental,
un col avec les drapeaux de prières.
En fond, la chaîne de l'Himalaya.

^
Nomades à proximité du lac salé
Nam-Tso. En fond, la chaîne
de Nyenchen Tanglha
(appelé Tanggula en chinois),
avec ses sommets à plus
de 6 000 mètres d'altitude.

page suivante >>
« Fête des enfants »
dans un village le long de la route
Lhassa - Katmandou
(Friendship Highway).
Un jeune Tibétain, sur le tracteur
de son père, brandit le poing devant
nous en criant « Free Tibet ».

NG 2000
DUAN
TIBET

Aller simple pour Lhassa

En novembre 2006,
cinq mois après la mise en circulation du train du Toit du monde, nous avons voulu nous rendre compte de son impact social, économique et environnemental. Nous sommes partis de Lhassa, en voiture, en suivant au plus près son tracé. Nous avons fait le retour à bord de l'Express K917, reliant la Chine au Tibet. L'hiver et le froid s'étaient déjà installés sur le haut plateau.

Le défi

Traditionnellement isolé, le Tibet connaît, depuis l'arrivée des Chinois dans les années 1950, une mutation rapide, impressionnante.
Le haut plateau tibétain est entouré de frontières naturelles qui sont, au sud l'Himalaya, à l'ouest le Karakorum et au nord le Kunlun. Les frontières internationales sont, d'ouest en est, l'Inde, le Népal, le Sikkim indien, le Bhoutan, l'Assam indien et la Birmanie. Les frontières chinoises sont, du nord au sud, les provinces du Xinjiang, du Qinghai, du Sichuan et du Yunnan.
Sun Yat-sen (1866-1925) fut le premier président chinois à imaginer une liaison ferroviaire entre Lhassa et Chengdu (capitale du Sichuan). Il occupa le poste de directeur général des chemins de fer nationaux sous le Parti nationaliste chinois (*Kuomintang*). Pour lui, le rail était essentiel à la vie politique du pays et à l'unification des régions. Son projet, considéré à son époque comme « fantaisiste et insurmontable », fut repris dès 1950 par Mao Zedong, au lendemain de son accession à la tête de la République populaire de Chine. D'abord abandonnée, l'idée fut relancée lors de la 9e session du Plan quinquennal du Parti communiste chinois (PCC) à Pékin (1996-2000). Les travaux commencèrent en février 2001.
Le double défi de la construction d'une voie ferrée entre Gormo (nom tibétain, Golmud, nom chinois), dans la plaine désertique du Qinghai, et Lhassa, consistait à vaincre les difficultés techniques inhérentes à l'environnement et les obstacles financiers dus au coût phénoménal d'un tel projet. La réalisation, estimée à 19,4 milliards de yuans (2 milliards d'euros), coûta le double de ce qui était prévu.

Le symbole

Cette voie ferrée représente une double victoire pour la Chine. Symbolique, c'est une phase décisive de sa souveraineté sur le Toit du monde. Technique, car l'empire du Milieu a vaincu des conditions extrêmes.
C'est la ligne ferroviaire la plus controversée du monde. Outre les dangers que cette construction représente pour l'environnement, la diaspora tibétaine dénonce une « deuxième invasion du Tibet » par l'augmentation de la migration chinoise et la dilution de la culture tibétaine. D'autres la comparent à la Grande Muraille.

Ces deux réalisations titanesques relèvent d'un combat gagné contre les éléments naturels. Sur le plan stratégique, toutes deux procèdent de la volonté de contrôle politique et militaire chinois. Pourtant elles s'opposent avec pour l'une, le repli et pour l'autre, l'expansion. La Muraille de Chine était conçue pour protéger l'empire du Milieu de l'invasion des tribus nomades du Nord (les Mongols, les Proto-turcs...). Le train facilite la venue et l'implantation des personnes, l'échange des biens.

La prouesse technologique

Le « train du ciel », le « train du grand bond vers l'Ouest », le « train qui craque et qui chante », « l'ouverture d'une route céleste », voici quelques titres utilisés pour le désigner. Les grandes métropoles chinoises comme Pékin, Shanghai, Canton, Chengdu, Chongching, Lanzhou, Xining ou encore Hongkong sont, aujourd'hui, connectées au réseau ferroviaire du *QingZang**. Le gouvernement chinois prévoit d'étendre la ligne jusqu'à Shigatse, à l'ouest vers le Népal et au sud-est jusqu'à Nyingtri.

<< page précédente
Arrivée du train en gare de Lhassa.

Les performances de la ligne Qinghai-Tibet donnent le vertige. Tous les records sont battus sur ce tracé de 1 142 kilomètres. Plus de cent mille ouvriers, majoritairement hans, y ont travaillé pendant cinq ans. Son point culminant, le col de Tanggula à 5 072 mètres, considéré par les Tibétains comme « insurmontable, même par les aigles », vole de plus de 200 mètres le record que détenait le chemin de fer des Andes au Pérou. La gare de Tanggula atteint les 5 068 mètres. L'altitude moyenne est de 4 000 mètres sur 960 kilomètres. 550 kilomètres de rail s'étirent sur la zone de pergélisol, sol gelé en permanence. Sur ce haut plateau, l'amplitude des températures varie de 30°c. à - 40°c. À cela s'ajoutent les tunnels creusés dans la roche glacée, les ponts dont les piles s'enfoncent tantôt dans l'eau, tantôt dans le sable, parfois dans la tourbe et dont le plus long mesure 11,7 kilomètres.

« *Le chemin de fer favorisera le flux rapide des personnes, des biens et de l'information et contribuera au développement de la région* » prédisait, lors de l'inauguration de ce tronçon, Zhu Shensheng, le vice-directeur chinois du bureau des chemins de fer *QingZang*. D'une même voix, les membres du Parti clamaient qu'il n'était pas dans leur intention de piller le territoire, mais d'apporter la prospérité à la société tibétaine. Ce n'est pas la première fois que les médias officiels contredisent les déclarations gouvernementales. Les derniers chiffres présentés par la presse chinoise révèlent que, depuis l'inauguration en juillet 2006, 8,3 millions de passagers ont été transportés, ainsi que 62,2 millions de tonnes de marchandises. Dès 1999, plus de mille chercheurs et géologues sont déployés dans la région. Le site gouvernemental *China Tibet Information* annonce, en février 2007, que ces équipes ont découvert des gisements de cuivre, de fer, de plomb et d'autres minéraux d'une valeur estimée à 128 milliards de dollars. De son côté, le *China Daily*, journal officiel chinois du 13 février 2007, avance les chiffres de 30 à 40 millions de tonnes de cuivre, autant de plomb et de zinc et de plusieurs milliards de tonnes de fer. Avant la réalisation du chemin de fer, le gouvernement chinois ne pouvait pas envisager d'exploiter ces gisements, ni de transporter ces ressources du Toit du monde vers l'empire du Milieu.

Départ de Lhassa

À l'aube de notre départ en voiture le long de la ligne Qinghai-Tibet, nous venons saluer le Jokhang, le temple le plus sacré du Tibet. Des volutes de fumée s'échappent des deux grands encensoirs placés de part et d'autre de son entrée. Quelques pèlerins, épuisés par un long périple et les nuits passées dehors, émergent doucement de leur sommeil. D'autres font leur circumambulation. Tout est silencieux. Lhassa dort.

L'atmosphère paisible nous procure un bien-être de bon augure. Il est temps de partir. Nous souhaitons voir les trains, au départ de Lhassa, traverser le pont aux trois arches. Tsering[1], notre guide et Tsetan, notre chauffeur, attendent dans un 4x4 gris. Le moteur tourne sans tousser. En ce début d'hiver, la température descend à -10° c. la nuit.

Aux portes de la ville, Tsetan hésite. Entre les gigantesques échangeurs et les autoroutes en cours de réalisation, la banlieue ressemble à un vaste chantier. Les constructions envahissent l'étroite vallée de Lhassa. Nous arrêtons la voiture au bord de la voie ferrée et continuons à pied. Des guérites sont bâties le long des rails. Des soldats chinois, arme à la main, montent la garde. Il faut déjouer la surveillance. D'une caserne s'élèvent les cris des militaires qui font leurs entraînements matinaux.

Le pont se dresse enfin devant nous. La rivière nous en sépare. Nous devinons les premières lueurs du jour derrière les sommets enneigés. L'Express T266 Lhassa-Pékin lance plusieurs sifflements depuis

1
Pour des raisons de sécurité, les noms de tous les Tibétains ont été changés.

la gare, invisible de notre point d'observation. Il est huit heures. Le départ est imminent. Au passage du deuxième train, le T166 Lhassa-Shanghai, l'obscurité s'est dissipée. Les premiers rayons de soleil réchauffent timidement le sol gelé. Vision magique du convoi qui semble glisser sur l'eau frémissante.
L'Express T266 va parcourir la distance Lhassa-Golmud en quatorze heures à une vitesse moyenne de 80 kilomètres/heure. Les camions et les autobus, qui roulent jour et nuit, mettent plus de quarante-huit heures, avec les dangers inhérents aux routes de montagne. En voiture, nous comptons une semaine.

La route Lhassa-Golmud

En longeant cette ligne ferroviaire par la route, nous avons rencontré des Tibétains, nomades et paysans. Avec un large sourire qui caractérise le peuple du Pays des neiges, ils nous ont parlé simplement. Ici, la rencontre avec l'autre est toujours un moment privilégié. La gravité de la situation nous impressionne. Eux, peuple de la terre, essaient de s'en accommoder au mieux. Des fermiers, en contrebas de la voie ferrée, remplissent deux remorques de pierres.
Nous arrêtons la voiture pour aller les saluer. Ils nous expliquent avoir été expropriés de leurs terres. Leurs maisons ont été détruites pour la construction du chemin de fer. Maintenant, ils ramassent des pierres pour reconstruire une habitation. Ils fonctionnent sur un système d'entraide villageoise. Le futur propriétaire dirige les travaux, ses voisins l'aident. Il faut remplir 200 tracteurs de pierres pour construire leur maison, en 22 ou 25 jours.
Les paysans disent ne retirer aucun avantage de la construction du rail. C'est sûr, ils ont tous travaillé sur la voie, mais n'ont pas gagné beaucoup d'argent : 25 à 30 yuans (2,5 à 3 euros) par jour pour les hommes, moins pour les femmes (environ 15 yuans = 1,5 euro). En revanche, ils ont perdu leur patrimoine ancestral. Les pâturages sont coupés par le rail et les animaux, élevés pour le labour, la viande ou le lait, ne sont pas autorisés à paître près des voies. Les enfants, habitués aux vastes espaces et au calme, redoutent cet énorme serpent qui fait beaucoup de bruit et crache de la fumée noire dans le ciel. Aucune des personnes interrogées ne souhaite prendre le train. Personne ne veut aller en Chine, personne n'a les moyens de se payer un billet. Le ressentiment est grand, car beaucoup de paysans ont perdu la ferme de leurs ancêtres. Plus loin, Dulung, un fermier, prépare la terre avec deux *dzos** pour les semences d'hiver.
Au deuxième jour de route, le sol est gelé, la lumière laiteuse et les bruits estompés. Nous allons traverser une zone redoutée de tous. Altitude moyenne, 4 500 mètres. « *En hiver, beaucoup de gens meurent ici* », annonce calmement notre guide. Le vent est glacial. Nous n'avons pas fait vingt kilomètres que le brouillard verglaçant et la neige nous surprennent. Des camions bloquent la chaussée. Celui qui nous précède est rempli de minerai de fer. Des Chinois, en chaussures de ville cirées portant veston et chemise blanche, sortent frigorifiés de leurs véhicules. Un moine corpulent prête main forte pour dégager une camionnette. Chaos. Au loin, des rugissements de train. Ici, en hiver, la route est coupée pendant deux à trois mois.
Le troisième jour s'annonce faste. « *Bon Karma** », prédit notre ami tibétain. Le temps est froid et sec. Le soleil dissipe les angoisses. La ligne de chemin de fer s'éloigne, jusqu'à disparaître complètement. La route serpente au pied des reliefs enneigés semblables à des collines mais dont les sommets dépassent pourtant les 6 000 mètres. Nous voici au cœur du Changthang, vaste plateau aride et inhospitalier, aux magnifiques lacs dont les eaux ne s'écoulent pas vers la mer. Les hautes chaînes montagneuses en interdisent l'accès. Ici s'étale le territoire des nomades.
Nous quittons l'artère principale pour aller au lac Nagtso. Il est 12 h 35, lorsqu'un train de passagers en provenance de Lhassa

Au deuxième jour de route,
le sol est gelé, la lumière laiteuse et les bruits estompés.
Nous allons traverser une zone redoutée de tous.
Altitude moyenne, 4 500 mètres.

passe sur le pont qui enjambe cette zone de pergélisol. Le soleil est au zénith. Le sol dégèle et se change rapidement en une boue jaunâtre, lourde et collante. D'une piste au-dessus du lac, le paysage force l'admiration et le silence. C'est un écrin d'un bleu profond où se reflète la montagne à la blancheur éblouissante. Ce lieu sublime, refuge de nombreuses espèces rares, est menacé de disparition. De source officielle chinoise, huit millions de touristes sont attendus d'ici à une dizaine d'années.
Ici se concentrent les dangers du sable et du pergélisol. Interminablement, les Chinois entretiennent la voie contre l'avancement des dunes. Ils forment des carrés de pierres pour stabiliser la masse mouvante et des barrières en béton pour casser son avancée. Ils vérifient aussi l'état des piles du pont, enfoncées dans le sol gelé. L'atmosphère est opaline et le soleil, violent, bien que pâle.

Les nomades

Dans cette vaste plaine désertique, loin de toute habitation, nous rencontrons Sonam, 25 ans, nomade, fils et petit-fils de nomade. De gardien de yaks, il est devenu gardien de rail.
Le gouvernement a envoyé des responsables chinois auprès des chefs de village. Il a été sélectionné avec onze autres garçons. Après un mois de travail, beaucoup ont abandonné leur poste. Aussi, ceux qui restent ont un salaire plus élevé car ils ont une charge de travail plus importante. Si par malheur un animal traverse la voie au moment où passe un train, si le convoi est arrêté ou endommagé, le gardien doit payer une amende d'un à trois mois de salaire et même davantage suivant les dégâts.
Plus loin, trois hommes allongés sur la voie sont chargés de la surveillance des rails. Nomades, ils sont salariés du gouvernement chinois. Ils gagnent de 400 à 600 yuans par mois (40 à 60 euros). Ils travaillent en équipe de six, trois personnes le jour, trois autres la nuit. Les gens de Lhassa ou d'autres villes n'ont pas accès à ce travail. Les autorités chinoises n'ont pas confiance. Ils craignent les attentats contre les ponts et autres ouvrages sensibles. Ils savent aussi que les nomades, qui vivent à proximité, seraient vite dénoncés s'ils tentaient le moindre sabotage. Munis de talkies-walkies, les nomades préviennent les militaires si un inconnu s'approche du pont ou traverse les voies. Il est interdit de photographier. Lors de notre dernier voyage en 2009, nous avons constaté que la surveillance – « la protection » (*baohu**), comme l'indique les idéogrammes inscrits sur les tentes et sur les guérites au bord des rails – était maintenant confiée aux militaires.
Nous demandons aux jeunes gens s'ils souhaitent prendre le train. Ils répondent spontanément qu'ils redoutent d'être enfermés dans ces boîtes métalliques.
L'excitation du lendemain matin est à la hauteur de ce qui nous attend, le col de Tanggula et la gare la plus haute du monde. Nous arrivons à 17 h 10 à la borne 3341 indiquée en idéogrammes Tanggula shan, (montagne de Tanggula).
Nous sommes à 5231 mètres. Nous cherchons la route qui mène à la gare. C'est une course contre l'obscurité, le soleil commence à décliner. 19 h 15, après une vingtaine de kilomètres sur une piste non balisée, nous l'atteignons juste à temps, aux dernières lueurs du soleil couchant. Le froid est vif, la neige glacée. La respiration devient lente. Une demi-lune se détache dans le ciel bleu sombre et pur. Nul signe de vie. Pas une lumière. Personne n'habite ici. Les trains ne passent que dans la journée.
Au-delà du col, nous franchissons une frontière invisible. Toujours au Tibet, nous arrivons dans une région où les Chinois musulmans (Huis*) sont maintenant majoritaires. Nous dormons chez l'un d'eux, halte des routiers. Au dîner, du mouton bouilli. Au quatrième jour, la route s'élargit, forme une longue ligne droite, l'horizon

s'éloigne. En contrebas d'une rivière, des Chinois empilent de gros blocs de rochers dans deux camions. Ils sont payés 45 à 50 yuans (4 à 5 euros) par jour. Le propriétaire du camion touche 200 yuans. Ces ouvriers hans aimeraient bien prendre le train pour aller à Lhassa, Pékin ou Shanghai. Mais même pour eux, le voyage est trop cher. Ils rentreront chez eux en camion, une fois leur contrat terminé.

Dernier jour de route. Les monts Kunlun apparaissent soudain à l'arrière-plan du vaste plateau. Sur notre droite, un profond canyon. De l'autre côté, le désert de Gobi. Nous avons déjà changé nos vêtements hivernaux contre des tenues légères. L'air est chaud et poussiéreux, le soleil implacable. La dernière étape routière, Golmud, est proche.

Golmud

La province du Qinghai, aux marches septentrionales du Tibet, est à la Chine ce que la Sibérie est à l'Union soviétique : une terre d'exil, de déportation pour les prisonniers de droits communs ou les opposants politiques. Les immeubles en béton, alignés au bord des avenues à quatre voies, les hôtels et magasins aux enseignes éblouissantes recouvrent désormais ce qui était un aride désert de sable. Il n'en reste que l'atmosphère suffocante et la couleur jaunâtre. La poussière s'infiltre partout.
Nous n'avons qu'une hâte, quitter au plus vite cette ville nouvelle, acheter à la gare un billet, « aller simple pour Lhassa » comme tout le monde. Nous ne sommes pas certains d'en avoir pour le lendemain ou le surlendemain, tant les candidats au voyage sont nombreux. Des Hans* et des Huis* attendent en longue file derrière les guichets. Il faut remplir des papiers écrits en mandarin, répondre aux multiples questions sur la santé, la profession, le but du voyage, etc. Il faut savoir ce que l'on veut et payer en espèce. Une erreur et l'on passe son tour. Il n'y a pas de guichets pour les étrangers, ni pour les Tibétains.
Tout est fait pour prévenir les voyageurs du « train du ciel » des dangers courus en se rendant sur le Toit du monde. Boutiques et hôtels vendent des bouteilles d'oxygène, des produits médicinaux traditionnels pour combattre le stress et les nausées, des vêtements contre les températures extrêmes, et autres objets typiques *made in China*. Avec, en prime, l'incontournable formule, « Bon voyage. Bienvenue en Chine ».
Après avoir laissé la voiture à Golmud, nous faisons le chemin inverse en train pour revenir à Lhassa.

Terminus Lhassa

Nous voici à bord de l'Express K917 Golmud-Lhassa, dans le wagon n°8. Dans chaque voiture, deux contrôleurs guident les voyageurs encore ensommeillés. Pas de bousculade, juste un peu de fébrilité. Les places sont réservées. Paquets et valises encombrent les couloirs. Le préposé de notre wagon, Zhangjie, âgé de 32 ans, y met bon ordre. Rien ne doit traîner. Les consignes sont strictes. Jusqu'au crochet à vêtement, auquel il est interdit de suspendre un sac en plastique. La musique, lancinante, obsédante, diffusée par les haut-parleurs, fait place aux informations et aux recommandations. Le départ est proche. Il est 6 h3 0 du matin. Le jour n'est pas encore levé. Les passagers sont chinois à 90 %. Les quarante employés sont tous de souche han, à l'exception d'une jeune serveuse tibétaine.
Une fois installés, nos voisins de route font connaissance. Ils sont tous Chinois. L'ambiance est plutôt cordiale. Un jeune couple bouddhiste de Lanzhou veut découvrir les lieux saints, surtout le Potala et le Jokhang. Une commerçante d'une trentaine d'années,

« Si on garde le cœur pur dans la voie du bouddhisme, on ne connaîtra pas la souffrance sur terre ».

très maquillée, aux cheveux teints en roux, rapporte des vêtements pour son magasin. Le train lui facilite le travail. Elle a un commerce à Lhassa. Elle achète en Chine et revend au Tibet. « *C'est plus sécurisant et rapide de voyager ainsi* », résume-t-elle. Un musulman Hui de 62 ans, au visage ridé, voyage avec son fils. Ses yeux sont rieurs derrière de grosses lunettes rondes. Il est heureux. Jamais il n'aurait espéré prendre un jour un tel moyen de locomotion, qui, selon lui, va le rendre très riche. Après Lhassa, il ira dans le Kongpo. Il paraît qu'on peut y acheter de la fourrure d'animaux sauvages et des poils de yak. Il les revendra ensuite à Golmud. L'hiver est une période favorable à ce genre de commerce.
Une grande majorité de magnifiques animaux sauvages dans l'Himalaya sont en danger d'extinction. Lors de nos premiers voyages, à la fin des années 1980, pas un seul trajet ne se faisait sans apercevoir des antilopes et des ânes sauvages, un nombre incalculable de marmottes et autres mammifères ou oiseaux, pour nous, inconnus. Aujourd'hui, il est courant de traverser les vastes étendues sans rencontrer le moindre animal.

Dans la voiture 7, nous faisons la connaissance de deux moines de 25 et 19 ans. Ils viennent d'un monastère à l'est du Tibet. Ils appartiennent à l'école *Nyingma*, l'école ancienne du bouddhisme tibétain. Grâce au train, ils peuvent aller à Lhassa. Autrement, il leur aurait fallu prendre le bus, en changer plusieurs fois, dormir dans des auberges. Le prix aurait été multiplié par deux ou trois. Leurs parents, nomades, apprécient leur choix, confie l'aîné car « *si on garde le cœur pur dans la voie du bouddhisme, on ne connaîtra pas la souffrance sur terre* ».
Sur l'autre banquette, en face d'eux, un vieil homme et sa femme, musulmans, rongent des os de moutons. Une jeune maman, un voile noir sur la tête, lange son bébé en riant.
Dix heures plus tard, les gares d'Amdo, de Nagchu et de Damshung sont loin derrière. L'environnement s'adoucit. De petites parcelles de champs cultivés apparaissent. Des paysans ramassent des pierres au bord de la voie ferrée et les empilent dans un tracteur.
Le jour s'estompe. Une fébrilité perceptible emplit le wagon. Le préposé au ménage passe avec un balai et un seau pour nettoyer sous les sièges et enlever les détritus des tablettes. Les voyageurs rassemblent leurs affaires éparpillées. Notre Express K917 passe sur le pont aux trois arches et arrive à son terminus, Lhassa. Il est 19 h 30.

>
Shigatse.
Peau de léopard (espèce protégée) en vitrine d'un magasin tenu par des Chinois.

<
Nagchu.
Un employé de la gare
pendant le départ du train.

>
Golmud-Lhassa, le train du Tibet.

<
L'express longe les berges
du lac Nagtso.
Ce lac joyaux de l'Himalaya est
un lieu de pèlerinage qui attire
le regard de ce voyageur.

<
Un commerçant hui
et sa femme vont à Lhassa
faire des affaires.

>
Près du col de Tanglha
(appelé Tanggula en chinois),
la gare la plus haute du monde, 5 068 m.
Déserte et glaciale,
dernier fleuron de la sinisation du Tibet.

^
Le tremblement de terre
qui a frappé la région et a fait
des dégâts importants.
Ici, un pont n'a pas résisté au séisme,
ce qui n'a pas empêché les ingénieurs
du génie civil d'en implanter
un autre pour faire passer le train.

>
Dans un village semi abandonné,
des nomades reposent leurs yaks
après leur descente d'estive.
Au fond, un train de marchandise.

^
4 500 m d'altitude.
Région de Changthang.
Cette zone de maigres pâturages
reste le domaine de nomades.
La route qui la traverse paraît
par moment improbable.

>
La voie ferrée ne profite pas aux habitants qui n'ont comme autres moyens de transport que la route.

>
Le train passe au plus près de la route et des villages qui la bordent.

>
Une jeune fille fait sa provision d'eau au ruisseau gelé à côté de sa maison.

<
Un jeune gardien de la voie ferrée de l'Express Pékin-Lhassa. À l'extrémité du lac Nagtso au sud d'Amdo, le train s'engage sur une zone de pergélisol (sol gelé en permanence).

^
4 500 m d'altitude. Région de Changthang. Jeunes Tibétains d'un village, l'un fils de nomade, l'autre fils de policier.

<< page précédente
l'Express Pékin-Lhassa.
À l'extrémité du lac Nagtso
au sud d'Amdo, le train s'engage
sur une zone de pergélisol.

>
Solitude du chef de gare de Xida Tan
où jamais un train ne s'arrête.
C'est une gare fantôme sans guichet,
sans voyageurs,
au pied du mont YuZhu.
De telles gares sont disséminées
tout au long du parcours ferroviaire,
sans être utilisées.

<
4 500 m d’altitude.
Région de Changthang.

<
Sous l'œil d'un contremaître chinois, une jeune Tibétaine travaille à la construction d'une autoroute dans la banlieue de Lhassa.

95598
95598
南方学校
注意安全

La cité sacrée

Notre voyage déborde les frontières de la Région autonome du Tibet (RAT). L'immensité du territoire présage la richesse et la diversité culturelles de ses habitants. Celles-ci furent d'autant plus préservées que des sommets infranchissables au Sud et des déserts au Nord protégèrent longtemps le haut plateau contre toute incursion indésirable.
Seule la façade orientale, qui regarde la province chinoise du Sichuan, offrait un passage.

Aujourd'hui, le Pays des neiges s'atteint aisément par le Népal ou la Chine. Les options possibles pour s'y rendre sont l'avion, le train ou la route. En ce printemps 2009, nous choisissons un vol Katmandou-Lhassa. China Airlines est la seule compagnie aérienne autorisée à survoler l'espace himalayen vers le Tibet. Les seize premiers rangs de l'avion sont réservés aux Chinois. Les touristes occidentaux et les quelques Népalais sont placés à l'arrière.
Après avoir frôlé les neiges éternelles de trois sommets parmi les cinq plus hauts du monde, le Cho-Oyu, le Lhotse et le Chomolungma*, l'avion oblique vers le nord. Peu avant l'atterrissage, nous découvrons un plateau désertique enserré entre deux montagnes aux vallées encaissées. En bas, le Yarlung Tsangpo* paraît immobile.

L'arrivée

Notre visa pour la Chine ne nous garantit pas de poser les pieds sur le Toit du monde. Nos bagages sont fouillés de fond en comble. Chaque page des guides touristiques emportés est regardée, chaque livre est scruté par deux douaniers tibétains. Nous avions bien vérifié qu'aucune photographie* du Dalaï-lama ou du drapeau tibétain* ne reste dans les ouvrages. La marque des pages arrachées témoigne de notre prévoyance.
Une année s'est écoulée depuis notre dernier voyage. Le choc se produit dès les premiers kilomètres. Le paysage est méconnaissable. Un large tunnel routier fend une colline. Un nouveau tracé à quatre voies surplombe la rivière Kyi-chu en aval de Lhassa. Un pont ferroviaire aux trois arches blanches, qui se veulent la représentation de *khatas** de bienvenue, traverse une zone économique. Sur un immense panneau métallique, apparaît le visage souriant de Deng Xiaoping. De vastes avenues en chantier augurent d'un important trafic. Des camps militaires et d'entraînement de la police bordent la route sur plusieurs kilomètres. D'immenses serres témoignent des innombrables bouches à nourrir.

Lhassa

Le destin de la cité sacrée est-il de devenir une zone d'expansion économique concurrente de Pékin ou de Shanghai ? Une des ambitions du gouvernement central de Pékin est de faire de Lhassa le nouvel eldorado du développement économique. Le Toit du monde représente la dernière région inexploitée de cette grande Chine. Le territoire historique tibétain a été amputé de deux régions orientales : l'Amdo (Dhomey) et une partie du Kham (Dhotoe), rattachées aux provinces chinoises du Qinghai et du Gansu pour la première et du Sichuan et du Yunnan pour la seconde. Ce qui reste de ce découpage est la Région autonome du Tibet (RAT), créée en 1965. Lhassa, à 3 630 mètres d'altitude, en est la capitale.
L'étroite vallée de Lhassa regorge de constructions récentes. Les villages modèles socialistes où logent maintenant les fermiers sont facilement reconnaissables. Le drapeau chinois supplante les drapeaux de prières. Une vache, une ou deux poules se tiennent devant la maison. Les autres animaux sont parqués loin dans la campagne. Quelques résidences protégées, pour cadres ou fonctionnaires, gonflent ces faubourgs.
Il est vain de rechercher les bords de la rivière, lieux de rendez-vous pour les traditionnels pique-niques tibétains. Depuis une dizaine d'années, ils ont été engloutis sous les immeubles, les restaurants chinois et les karaokés.
Un peu de cette ambiance festive se retrouve néanmoins lors du festival de *Shötun*, la fête du yaourt. La tradition remonte à plus de 1500 ans. Pendant cinq jours, au septième mois lunaire, les tentes

<< page précédente
Tibet. Lhassa.
Impermanence et tradition.
70 % des habitants de la capitale
de la Région autonome du Tibet
sont maintenant originaires de Chine continentale.
La culture tibétaine reste pourtant vivace.
Pour combien de temps encore ?
Trafic ordinaire sur la Dekyi Shar Lam (t.),
rue Est de Pékin ou Beijing Donglu (ch.),
artère commerçante proche du Potala
visible au fond.

se dressent dans le parc de l'ancien palais d'été des dalaï-lamas, le Norbulingka*, « parc du joyau ». Les chants, les opéras, les éclats de rires et les cris d'enfants emplissent joyeusement l'atmosphère. Une fenêtre vide accentue le caractère éphémère de la situation et d'un temps à jamais révolu : de cette petite ouverture, les dalaï-lamas regardaient les opéras.
Un grand yak en cuivre doré, au milieu d'un parterre de fleurs, annonce l'entrée de la ville. Selon la tradition, Songtsen Gampo*, premier roi religieux et unificateur du Tibet, aurait fondé Lhassa, littéralement « Terre des dieux », au VIIe siècle. L'emplacement initial de la ville était nommé Rasa, « Lieu des chèvres ». Il y édifia les deux premiers temples bouddhiques, le Jokhang* et Ramoche*. Ceux-ci devaient abriter deux icônes bouddhiques offertes par ses épouses, népalaise et chinoise. Songtsen Gampo aurait choisi un lieu éloigné de la Cour royale, dans la vallée du Yarlung, afin d'éviter le courroux des déités locales.

Le Potala

Les fondations du Potala sont attribuées à Songtsen Gampo, en l'année 637. Le 5e Dalaï-lama ou « Grand Cinquième » (1617-1682) entreprit la construction de l'actuel palais qui incarne l'art architectural tibétain du XVIIe siècle. Il en fit sa résidence. Lhassa devint une capitale de grande renommée. Au-delà de l'aspect résidentiel, le palais accueillit le siège du gouvernement en 1649. Toutes les manifestations et les grandes décisions d'État s'y tenaient. Les somptueuses sépultures de huit dalaï-lamas s'y trouvent.
Le Potala symbolise aussi la gloire et la splendeur de l'école bouddhique *Gelug**, les « Vertueux ». Son style et sa disposition ont imprimé un nouveau modèle. Traditionnellement implantés au fond de vallées profondes, dans des lieux isolés, les monastères s'installent désormais sur les hauteurs. Du haut de la colline de Marpori*, le palais domine Lhassa.
À notre grande surprise, comparé à nos visites précédentes, le nombre de Tibétains tournant inlassablement, du matin au soir, autour du Potala a considérablement augmenté. Ce ne sont plus seulement les pèlerins, mais bien les habitants de la ville et des environs, seuls ou en famille, qui suivent la *kora** dans le sens des aiguilles d'une montre en récitant des prières. Arrivés face au somptueux palais, jeunes et personnes âgées, femmes, hommes et enfants interrompent leur circumambulation* pour se prosterner front contre sol. Ils tournent le dos, peut-être inconsciemment, au drapeau chinois de l'autre côté de la rue et à une stèle de 35 mètres édifiée à la gloire de l'Armée populaire de libération. Le trottoir est poli de cet acte de dévotion. Une année après la répression du printemps 2008, la population semble s'être donnée le mot pour ce rassemblement quotidien autour de l'ancien palais des dalaï-lamas.
Nous sommes entraînés dans la circumambulation de ce monumental édifice. Soudain, une poigne ferme nous attrape le bras. Un grand vieillard courbé par les ans, tenant dans sa main droite un moulin à prières* qui continue à tourner, nous immobilise et nous fixe quelques secondes d'un regard intense. Des larmes perlent ses yeux. Il hésite à parler. Puis souffle « *Dalaï-lama, Dalaï-lama* ». Il veut faire passer le message de sa souffrance et de celle du peuple tibétain à leur chef suprême.
À l'arrière du Potala, près du lac, un circuit de santé et des jeux ont été installés. Certains Tibétains délaissent un instant leur pèlerinage pour s'amuser. Les rires et les exclamations d'étonnement retentissent. D'autres préfèrent faire une pause dans la maison de thé ombragée.
Nous quittons les grands axes de la ville chinoise de Lhassa, semblables à ceux du Continent. L'avenue Dekyi Shar Lam*, envahie de commerces aux néons éblouissants et aux bruits assourdissants,

conduit vers les vieilles ruelles. Les klaxons rivalisent avec les haut-parleurs des boutiques. Chacun cherche à combler le moindre espace de vide et de silence. Peu de Tibétains s'y aventurent, hormis quelques irréductibles pèlerins* qui essaient de retrouver la traditionnelle *kora*, celle du Lingkhor*, qui encercle l'ancien district de la ville avant la venue des Chinois.

Le Jokhang

La principale rue qui mène à l'esplanade du Jokhang, cœur de la ville historique, est gardée par des militaires. Jamais nous n'avons vu un tel déploiement de force armée. D'habitude, passée la rue de Pékin, nous pénétrions dans un autre monde, dans une autre époque. Le soulèvement du printemps 2008 a laissé des séquelles.
La place face au Tsuglagkhang*, autre appellation du Jokhang qui signifie « lieu de dévotion », est calme. Tout paraît ordinaire. Des fleurs jaunes et rouges en pots couvrent maintenant une partie de l'espace. Les caméras de surveillance ont été multipliées, des militaires sont en faction sur les toits, d'autres sont assis sous des parasols, des milices de l'Armée populaire de libération effectuent des rondes. Les fleurs sont là pour empêcher tout rassemblement.
Sur le parvis du Jokhang, les pèlerins se rassemblent pour les prosternations. La multitude des costumes régionaux reflète la richesse culturelle du haut pays. Arrivé dans l'ancienne cité sacrée, chacun revêt ses plus belles parures pour rendre hommage aux lieux saints. Les femmes arborent fièrement leurs lourds bijoux composés de pierres et de métaux précieux : turquoise, corail, agate, lapis, or, argent... Les nomades se distinguent aisément des citadines. Toutes portent l'habit traditionnel de leur lieu d'origine. Elles ont en commun la fierté de leur identité tibétaine, que n'a pas manqué de relever Li An-che*, anthropologue chinois du début du siècle dernier.

Nous suivons le flux clairsemé des personnes sur le Barkhor*. Les vendeurs de souvenirs nous interpellent. Dans une ruelle étroite, nous empruntons un passage pour retrouver un sanctuaire digne d'un hospice français du XVIIIe siècle. C'est une des quatre chapelles qui entourent le Jokhang à ses points cardinaux. Trois ans auparavant, un grand nombre de vieillards y passaient leurs journées à prier au milieu des effluves d'alcool, de beurre de *dri** et de genévriers brûlés en offrande.
Nous pénétrons dans la cour. Elle a été transformée en habitation collective.
Nous entrons dans le temple. Il a été repeint en 2007. Un moine est assis dans un coin. Nous lui demandons où sont passées toutes les personnes qui priaient de l'aube au coucher du soleil. Il ne répond pas. Il lève les yeux et la tête vers le ciel et imite le geste du chapelet qui s'égrène entre les doigts. Nous en déduisons qu'elles sont sur le toit, où beaucoup se réunissaient pour prier. La terrasse est vide. Nous sommes au cœur de la vieille ville, entourée de silence. Sur les toits voisins, pas une âme qui vive.
Qu'est-il arrivé ? Le toit est pourtant un lieu de vie. Outre les activités quotidiennes comme faire sécher le linge ou bouillir l'eau sur les cuisinières solaires, il y a aussi la rencontre entre les personnes et l'offrande de genévrier dans le petit encensoir familial. Depuis 1988, les autels sont interdits dans les familles. Auparavant, toutes les maisonnées en possédaient un dédié à la divinité protectrice de la maison. Dans les familles aisées, une pièce – souvent sur le toit terrasse – faisait office de chapelle. Les habitants déposaient des offrandes sur l'autel, méditant et priant face à lui.

La vieille ville

Lors de chaque séjour dans la cité sainte, nous aimons rendre visite aux nonnes du couvent Ani Sungkhang. Proche de la mosquée Gyal Lhakhang, au sud-est du Barkhor, il est intégré aux habitations de la rue Moslem. Discret, aucun élément n'indique son entrée donnant sur une cour paisible, si ce n'est la bordure rouge sombre sous son toit, signe distinctif de tous les monastères.
À la fin des années 1980, le couvent comptait quatre-vingts nonnes. Les dégâts causés par la Révolution culturelle étaient en partie réparés. Nous parlions, alors, en toute simplicité avec l'une ou l'autre des jeunes femmes qui n'hésitait pas à raconter les séances de rééducation* imposées par le gouvernement de Pékin. Elles avaient, malgré tout, foi en leurs convictions bouddhiques et ne reniaient pas leur attachement au 14e Dalaï-lama.
Quelques années s'écoulèrent avant de les revoir.
Une femme nous accueille, vêtue de la tenue monastique. Elle exige un droit d'entrée et nous annonce qu'il est interdit aux nonnes d'adresser la parole à des étrangers. Malgré tout, certaines d'entre elles nous font de discrets clins d'œil, désignant des personnes qui surveillent la cour depuis le balcon.
Aujourd'hui, la cuisine qui donne sur la rue est transformée en café. Les religieuses s'activent derrière de gros fourneaux pour le thé au beurre de yak et les repas végétariens. Elles ne préparent plus les rouleaux de *mantras** à insérer dans les moulins à prières*. Elles ne lisent plus les textes sacrés dans la chapelle du premier étage. Leur regard ne brille plus. Est-ce à cause de l'obscurité de la cuisine enfumée ? Nous commandons un thermos de thé. Les clients sont tibétains, à l'exception de quatre jeunes Chinoises aisées. Deux d'entre elles tiennent en laisse un jeune mastiff*.

Au hasard de notre flânerie dans le labyrinthe des ruelles de la vieille ville, nous pénétrons dans une cour. Une Tibétaine âgée tisse des petits tapis que sa fille vend sur le marché. Plus loin, quelques habitants discutent joyeusement en confectionnant des colliers de perles. Une femme se lave les cheveux dans une bassine, aidée par une voisine. Rares sont les habitations qui bénéficient de l'eau courante.
Nous sommes frappés par la poussière et le bruit des démolitions de maisons anciennes. Ces chantiers durent depuis si longtemps, que nous nous étonnons de leur persistance. Les murs épais des demeures traditionnelles ne résistent pas à l'assaut des engins. Bientôt, des bâtiments en béton imitant la pierre avec des grilles de protection aux fenêtres, surgiront de ces décombres. Des enfants en profitent pour escalader les gravats et jouer à cache-cache.

L'école

De toute évidence, ces gamins ne vont pas à l'école. Pourtant, la scolarité est obligatoire et gratuite, pendant les neuf années depuis l'école primaire jusqu'au lycée. Des parents qui envoient leurs enfants à l'école, disent payer des charges et des frais de scolarité importants. Ils ajoutent que les sommes sont parfois si élevées que les familles, surtout dans les campagnes, retirent leurs enfants de l'établissement.
Nous nous souvenons d'un reportage fait à Lhassa et dans le Kham, en 1995, pour *Le Monde de l'Éducation**. Il suffisait de demander l'autorisation au responsable de l'établissement – bien souvent une Tibétaine – pour assister au cours, rester pendant la récréation, parler aux enseignants et aux enfants, prendre toutes les photos désirées. Tous étaient fiers de leur différence identitaire qui était respectée.

Sur le parvis du Jokhang,
les pèlerins se rassemblent pour les prosternations.
La multitude des costumes régionaux
reflète la richesse culturelle du haut pays.

Dans les villages, les enfants portaient leurs vêtements traditionnels, seuls habits qu'ils possédaient. Il n'y avait pas ou très peu d'enfants chinois.
À Lhassa, les Chinois, encore minoritaires, étaient plus nombreux que dans la campagne. La mixité ethnique ne posait pas de problèmes. Les enfants jouaient ensemble. La langue tibétaine était obligatoire jusqu'en 4e année de primaire. La Constitution chinoise* garantit « *au peuple de toutes les nationalités, la liberté d'utiliser et de développer leur propre langue parlée et écrite* ». La troisième génération d'enfants depuis l'arrivée des Chinois n'apprend plus sa langue maternelle à l'école.

Deux communautés séparées

Ne pas parler le mandarin, ni le lire, ni l'écrire, expose les habitants du Pays des neiges à la marginalité. Toute possibilité de travail est exclue. La vie quotidienne s'avère difficile. Un petit entrepreneur tibétain de Lhassa témoigne de l'obligation de connaître la langue des Hans. Les démarches se font en langue chinoise. Les formulaires sont remplis en mandarin. Les fonctionnaires gouvernementaux, même indigènes, doivent s'exprimer en mandarin. Impossible d'acheter un téléphone portable ou des produits d'usage courant : tous les vendeurs et commerçants sont des nouveaux venus de l'empire du Milieu. « *Le tibétain*, nous confie avec tristesse un homme d'âge mûr, *est en train de devenir une langue morte. La Chine étouffe pernicieusement notre culture, notre civilisation.* » « *De plus*, ajoute-t-il, *étant une entreprise tibétaine, nous avons plus de contrôles et subissons plus de harcèlement qu'une société chinoise. Les aides financières ne sont attribuées qu'aux immigrants.* »
Les Hans reçoivent des subventions du gouvernement central et bénéficient de facilités financières, administratives et relationnelles pour leur installation. Il est quasiment impossible, aujourd'hui, pour un jeune indigène de monter une entreprise s'il n'a pas de connexions chinoises. C'est le système de *guanxi**. Peu de Tibétains ont ce genre de relations. Les plus de 40 ans maîtrisant le mandarin, sont rares.
Le fossé entre les deux communautés s'est élargi après le soulèvement du printemps 2008. Une jeune Chinoise nous explique que depuis ces émeutes, elle ne donne plus le moindre centime aux pauvres ni aux pèlerins, ce qu'elle faisait régulièrement avant. De leur côté, quelques Tibétains rencontrés nous confirment que les relations se sont dégradées. L'un d'eux précise que jusqu'à présent, ils avaient des contacts parfois amicaux ou au moins de respect ou d'indifférence avec les Chinois. « *Aujourd'hui, il n'existe absolument plus de confiance entre nos deux communautés.* » Un autre nous dit que les Chinois n'hésitent pas à dénoncer un Tibétain. « *Si nous touchons par mégarde un Chinois dans la rue, aussitôt il appelle la police sur son portable* », explique-t-il.
Quant aux chauffeurs de taxi hans, ils hésitent à prendre un Tibétain dans leur voiture. La peur et le mépris en sont les principales causes. Malgré tout, le désir de gains est plus fort, comme le reconnaît l'un d'eux : « *Si aucun compatriote ne se présente, je suis bien obligé. Mais ça me rend furieux* ».

Le soir, même lorsque la température est douce, les Tibétains ne tardent plus à rentrer chez eux. Les rues de la vieille ville se vident soudainement. Une sorte de couvre-feu s'est de fait imposé. Seules touches de lumière dans la cité, les néons des salons de coiffure chinois convertis la nuit en bordels. Cantonnés avant dans les nouveaux quartiers destinés à leurs congénères, ils ont, depuis peu, envahi les vieux quartiers.

^
Lhassa.
Représentation de la démone clouée au sol.
Un temple a été édifié à chacune
de ses articulations afin d'annihiler
ses pouvoirs maléfiques.
Mythe fondateur de la création du Tibet.
En reflet, présence policière.

^
Autour du Jokhang,
le circuit du Barkhor,
lieu de circumambulation.

\>
Autour du Jokhang,
la police fait des rondes sur le parcours
de circumambulation du Barkhor.

\>
Un supermarché
sur la rue Dekyi Shar Lam (rebaptisée
Beijing Donglu en chinois).

\>
On les appelait avant les tricoteuses.
Les prostituées sont maintenant dans
des salons de coiffure. Ici dans
la vieille ville de Lhassa, la nuit tombée.

>
Un Khampa,
joueur de flûte, dans une ruelle
de la vieille ville.
Il défie un policier en civil.

<
Les pèlerins face au Jokhang,
sous la surveillance de la police
et des caméras chinoises.

^
Un jeune Chinois fait du roller
sur l'esplanade face au Potala.

<
Un moine se prosterne
autour du Jokhang sous le regard
d'une caméra de vidéo surveillance.

page suivante >>
Autour du Jokhang, un des postes
de surveillance fixes de la police
sur les lieux de circumambulation.

pH值
7.3 ±0.5
农夫山泉®

>
Entre le Potala et la rivière Kyi-chu,
une série d'immeubles
récemment construits pour abriter
la colonie chinoise
nouvellement arrivée.

<
Dans la vieille ville, les maisons
traditionnelles habitées
par des Tibétains sont détruites
pour laisser la place
à des immeubles neufs qui seront, eux,
habités par de nouveaux venus chinois.

>
Dans la vieille ville, après avoir passé
un porche : une cour
avec un point d'eau, un brûle-encens
et les logements autour.

>
Le drapeau chinois.
La grande majorité des habitants
de la capitale de la Région autonome
du Tibet sont aujourd'hui originaires
de Chine continentale.

Comme tous les matins,
les employés d'un grands magasin
font leur gymnastique et
leur entraînement à la productivité
sur le trottoir de la rue Dekyi Shar Lam.
V

<
Une vieille femme
a installé son métier à tisser.
Elle vendra ses tapis
sur le marché tibétain.

∧
Sur une vitrine de la rue Dekyi Shar Lam, une pharmacie fait de la publicité, en vitrine, pour le Viagra.

↖
Deux jeunes Chinoises font du « lèche-vitrine » sur la rue Dekyi Shar Lam.

<
Un restaurant affiche, par sa décoration, sa nostalgie de la Révolution culturelle, sous Mao Zedong.

^
Un magasin
de vêtements traditionnels tibétains
sur la rue Dekyi Shar Lam.

<
Une vendeuse tibétaine
dans la vieille ville.

>
Devant un supermarché,
une chef d'équipe fait un briefing
aux vendeuses.

<<
Jeune Tibétain
venant faire consacrer son icône
par un lama dans une
des quatre chapelles qui entourent
le Jokhang à ses points cardinaux.

<
Nonnes du couvent Ani Sungkhang.
Proche de la mosquée Gyal Lhakhang,
au sud-est du Barkhor. Il est intégré
aux habitations de la rue Moslem.

>
Tibétains tournant inlassablement,
du matin au soir, autour du Potala.
Lui faisant face, ils exécutent
les prosternations rituelles.

Voyage nostalgique

Après avoir passé une semaine à Lhassa, nous décidons de faire un périple de plus de 3 500 kilomètres, du sud au nord vers le Tibet oriental. Notre but est de revisiter des lieux connus, d'en découvrir de nouveaux et de nous rendre compte de l'évolution de la situation dans des endroits retirés. Nous quittons Lhassa au petit matin. Le soleil commence à percer. La fraîcheur nous surprend. Autour du Potala, les Tibétains, locaux et pèlerins, ont repris leur ronde silencieuse, incessante. La capitale est encore assoupie.

La vallée du Yarlung Tsangpo*- au sud de Lhassa

Nous suivons la rive nord du fleuve. Dès l'asphalte quitté, nous pénétrons dans un environnement de sable et de pierre. En contrebas, deux Tibétains se tiennent dans leur coracle, le bateau rond en peau de yak. L'un d'eux se lève et nous propose le produit de sa pêche. Des poissons s'agitent au fond de la barque.
Lors de notre première visite à Samye, une quinzaine d'années plus tôt, nous avions pris le ferry pour passer de la rive droite à la rive gauche. L'embarcation décrivait des lacets en évitant les bancs de sable et en déjouant la force du courant. Pendant la traversée qui durait une heure et demie, des Chinois vendaient des poissons. Les Tibétains qui se trouvaient à bord les achetaient et les rejetaient à l'eau. Le poisson est en effet lié aux funérailles de l'eau*.

Mandala terrestre

Les travaux des champs débutent à peine. Un *dzo**, attelé au soc, creuse des sillons et prépare la terre. Bientôt, sur ce sol poussiéreux et sec pousseront l'orge si précieuse, céréale de base pour les habitants du haut plateau, et le colza. Les délicieuses pommes de terre de montagne complètent ces productions locales.
Les toits dorés, étincelants sous le soleil, annoncent Samye. Véritable *mandala** terrestre, il fut le premier monastère édifié au Tibet au VIIIe siècle sous le règne du roi Trisong Detsen*. Le bouddhisme devint alors officiellement religion d'État. Quatre grands *chörten**, vert, rouge, blanc et noir érigés aux points cardinaux, rappellent l'ordre cosmologique du bouddhisme. Deux novices, une thermos dans chaque main, traversent rapidement l'esplanade sans échanger une parole. Dans une petite cour intérieure, trois représentants chinois en téléphonie mobile vantent les avantages de leur marchandise. Des moines écoutent attentivement. Moins d'une heure plus tard, les contrats sont signés, les téléphones rangés dans les amples vêtements grenat.
Les nuages filent dans le ciel. À quatre heures de marche du monastère, une colline héberge les ermitages troglodytiques de Samye Chimpu. Sanctuaire du maître indien Guru Rinpoche*, cette montagne reste un refuge mystique puissant. Des petites cavernes abritent des moines et des nonnes.

Tibet mythique des premiers rois

La ville de Tsethang* est plantée à l'entrée de la vallée de Yarlung*, au pied du Gönpori, montagne sacrée. Lieu mythique des premiers rois tibétains, cette région est à l'origine du Tibet légendaire et de la naissance de son peuple. Tsethang déçoit avec ses grands bâtiments, ses banques, ses supermarchés. Le vieux quartier, qui entourait le monastère Ganden Chörkoling, a quasiment disparu.
Près d'un petit marché, un minuscule restaurant tibétain survit, coincé entre deux boutiques flambant neuves tenues par de jeunes Hans. Ces derniers vendent les nouveaux mixeurs électriques jaunes ou verts, concurrents de la baratte en bois. Beaucoup de familles tibétaines les ont adoptés. À quelques kilomètres, le site à visiter est le Yumbu (« Mère-daim ») Lagang (Lhakhang). De ce premier palais royal, en forme de tour, il ne reste que quelques fondations. Son architecture est surprenante. Perché sur la crête du mont Tashi Tse, il ressemble à un château de dessin animé, sur un promontoire. Comme tous les sites qui remontent à une époque trop lointaine pour avoir laissé des traces écrites, le Yumbu Lhakhang* est riche de mythes originels. Du haut de la colline, la vue est magnifique. La vallée s'enfonce vers le sud, là où se trouvent les tombeaux royaux de l'ère Yarlung* (environ 600 à 850 de notre ère).

<< page précédente
Sur la *Friendship Highway*
en direction de Katmandou (Népal).
En fond, la chaîne himalayenne.

Lhamo Latso*, lac-oracle

Après avoir passé la nuit dans le *guesthouse* au confort rudimentaire du monastère de Chökorgye, nous montons avant le lever du soleil au lac oracle Lhamo Latso. L'air est glacial. Les nuages gris sombre nimbent les cimes enneigées. Au col dominant le lac, les drapeaux de prières et un petit *chörten* sont pris dans la glace. Impossible d'aller plus loin : une bonne couche de neige recouvre l'autre versant, qui descend au lac. Pas une ride ne le plisse. Il est complètement gelé. Les Tibétains qui nous accompagnent sont un peu déçus : d'après la tradition, on peut lire son avenir dans ses eaux.

Depuis l'instauration du système de succession par incarnation, les dalaï-lamas venaient méditer devant cette belle étendue bleu sombre pour connaître leur avenir et leur successeur. C'est ici que le 13e Dalaï-lama vit très nettement le dessin de la province de l'Amdo, signe que le suivant serait découvert dans cette région. La famille de Tenzin Gyatso, l'actuel chef spirituel et temporel, est bien originaire d'un petit village en Amdo.

Des jeunes gens sautent de leurs motos et commencent à escalader la montagne en courant. Coupant la pente au plus court, ils atteignent vite le sommet. Sans la moindre attention pour l'endroit sacré, ils poussent des cris de joie et descendent côté neige, soit en glissade, soit plus prudemment en escalier. Au même moment, des jeunes, du même âge, sortent d'un car. Ce sont des pèlerins. Ils viennent se recueillir devant le lac. Une dizaine de moines les accompagnent. Parvenus au col, ils prennent des photos, commentent le paysage. Le soleil, haut dans le ciel, éclaire, entre deux nuages, la glace sur le lac. Soudain le silence se fait. Certains accrochent des *lungta* (drapeaux de prières). Un lama distribue des papiers d'offrande. Le Rinpoche psalmodie une prière et d'un même élan, tout le monde lance les papiers à prières dans le ciel, tout en criant « Les dieux sont vainqueurs (*Lha Gyalo*) ! Les démons sont vaincus (*Ki-ki so-so*) ! »

Le rituel exécuté, une prière collective commence. « *Cette prière, on ne peut pas la faire dans notre monastère*, nous explique un lama. *C'est pour souhaiter longue vie au Dalaï-lama.* » L'émotion est intense. Leur murmure emplit l'espace.

Éparpillés autour du lac-oracle, sans égard pour le lieu et sa tradition, les jeunes locaux s'activent à déterrer de précieuses racines médicinales*. Ils vont gagner, en un mois, le salaire annuel moyen d'un Tibétain. Une même génération mais deux conceptions différentes de la vie se croisent ici. Dans le petit restaurant tibétain à côté des ruines du monastère, trois hommes jouent aux cartes. Ce sont des revendeurs. L'un d'eux, patron du lieu, de taille imposante, porte une gourmette et une grosse bague en or. Les billets joués font frémir de honte ou d'envie les autres clients.

Au bord de la route, à proximité du village, des dizaines de petites tentes tibétaines blanches bordées de bleu sont installées. Certaines sont recouvertes de plastique. Ce sont les habitats provisoires des cueilleurs de plantes médicinales. Devant chacune de ces tentes, sont garées des motos rutilantes. Non loin de là, de grandes tentes sombres en poils de yaks sont disséminées près du torrent à l'eau limpide. Des nomades y vivent, avec leurs troupeaux de yaks et de chèvres. C'est la fin de l'hiver. Certains viennent d'arriver et cherchent des endroits où l'herbe rase est grasse et tendre. Leurs mastiffs gardent les troupeaux et le campement.

Le torrent qui descend du Lhamo Latso se jette dans le Yarlung Tsangpo dont la couleur est, à cet endroit, vert turquoise. Si la gorge se resserre, ce fleuve devient vert sombre, perd son allure paisible et se met à gronder. Sa fougue se calme dès qu'une vallée s'ouvre à nouveau. Il traverse une variété de paysages extraordinaires : roche minérale grise, terre sombre crevassée, pâturages vert tendre, sable blanc fin aux lignes noires. Outre quelques petites habitations accrochées à flanc de collines, les gorges sont souvent inhabitées, sauvages. Lorsqu'elles s'ouvrent sur des vallées luxuriantes, tout bascule.

De gros bourgs émergent, semblables à toutes les villes de l'empire du Milieu, avec les mêmes commerces, les mêmes restaurants, les mêmes enseignes. Souvent la vieille ville n'existe plus.
Dans un café, nous observons les gens. Des Chinois prennent, comme nous, leur petit-déjeuner. Une vieille femme habillée de lambeaux, puis un homme viennent mendier. Tous deux sont tibétains. Dans la rue, un gamin tibétain gratte une petite guitare et fait la manche. Une jeune fille, elle aussi locale, cire les chaussures des Chinois.
L'axe routier qui traverse le Kongpo fut, longtemps, le principal lien entre le Tibet et le Sichuan. C'est là que le Yarlung Tsangpo change brusquement son cours et s'oriente en une large boucle vers le sud à travers une gorge. La frontière indienne de l'Assam est proche.

Le Kongpo

C'est une magnifique région boisée, impossible à visiter car trop stratégique sur le plan militaire. Le gouvernement de Pékin y construit un barrage plus grand que celui des Trois Gorges. La richesse de son agriculture méridionale et de ses vergers en ont fait un Shangrila, un paradis sur terre. Il y a encore une vingtaine d'années, cette région avait mauvaise réputation. Ses habitants étaient considérés comme de dangereux bandits qui n'hésitaient pas à empoisonner les étrangers pour les voler. Avant le col de Serkhym-la, nous rencontrons trois nonnes accompagnées de deux hommes, chapelet à la main. Ils suivent un chemin de pèlerinage en sens inverse des aiguilles d'une montre, comme le veut la tradition *bön**. Ici, de nombreuses personnes pratiquent encore cette religion ancestrale. Le changement de paysage est surprenant en redescendant le col de 4 515 mètres, dominé par les montagnes sacrées des *bönpos**, Namche Barwa (7 756 mètres) et Gyala Peltri (7 171 mètres). Nous voici dans une magnifique vallée alpestre. Avec leurs maisons fleuries en bois peint joliment décoré, les villages font penser à ceux des alpages suisses. La richesse agricole explique leurs toits pentus en métal bleu ou rouge. L'espace entre l'étage et la toiture est réservé au séchage des fruits.
Sur la route, nous croisons des pèlerins qui viennent de Derge, un des plus importants royaumes du Kham avant le XIXe siècle. Partis depuis cinq mois, les pèlerins progressent en se prosternant tous les trois pas. Ils comptent arriver dans un mois à Lhassa. Pour se protéger les mains, ils ont confectionné des bouts de bois sous lesquels ils ont cloué les fers de leurs chevaux.
La route redevient piste. Des éboulements fréquents bloquent et déforment la chaussée. La politique de déforestation* en est la cause. Les magnifiques forêts du Tibet oriental, quasiment intouchées depuis des siècles, sont aujourd'hui en piètre état. Toute l'Asie du Sud et du Sud-Est est menacée par l'érosion et les inondations provoquées par les grandes rivières.
Au col d'Anju-la (4 618 mètres), surgit un décor surréaliste. Un trône recouvert de tissu orange, entouré et protégé de drapeaux de prières, domine un petit lac. Les lamas de haut rang donnaient à cet endroit des enseignements aux fidèles. Le lieu est toujours entretenu.
Trois cyclistes s'arrêtent. Ce sont des étudiants tibétains de Chengdu*. Ils ont mis vingt-deux jours pour arriver au col et pensent rouler encore dix jours pour atteindre Lhassa. Peu après, arrive une dizaine de pèlerins. Ils sont tous du même village à côté de Chamdo. Ils en sont à leur 105e jour de pèlerinage. Ils pensent atteindre Lhassa dans deux mois.
Le col marque la frontière entre le Kongpo et le Kham. Aussitôt franchi, l'architecture diffère. Les toits en pente sont abandonnés au profit de toits terrasses. Là, sèchent le foin et les graines. Plus à l'est, les habitations ressemblent à de grosses fermes fortifiées.

Au col d'Anju-la (4 618 mètres),
surgit un décor surréaliste.
Un trône recouvert de tissu orange,
entouré et protégé de drapeaux de prières,
domine un petit lac.

Le Kham

Le Kham couvre la partie orientale du Tibet. Depuis 1965, la région est divisée. Sa façade occidentale est intégrée à la Région autonome du Tibet (RAT). Le reste est rattaché aux provinces chinoises du Yunnan et du Sichuan.
Les Khampas, « nés sur un cheval », ont une réputation de guerriers, de cavaliers et de personnes profondément religieuses comme en témoignent les drapeaux de prière réapparus sur les toits des habitations. Les monastères implantés dans la région représentent tous les courants bouddhiques et le *bön*.
Malgré les rivalités historiques de clans, les Khampas s'unirent lors de l'invasion du Tibet oriental par la Chine en 1950. Le Kham fut la première région tibétaine à résister à l'Armée populaire de Libération (APL). Chamdo*, sa capitale, tomba le 7 octobre de la même année, encerclée par quarante mille soldats communistes. Des guerriers khampas formèrent un groupe de résistance appelé *Chizhi Gangdrunf* (« Quatre rivières, six montagnes »). Ils aidèrent le 14e Dalaï-lama dans sa fuite vers l'Inde, en mars 1959.
Le Khampa est facilement reconnaissable. Sa longue chevelure brune est entourée d'une tresse en laine rouge. Son teint est cuivré, parfois brûlé par le soleil et le grand air. Vêtu d'une *chupa*, longue tunique en peau de mouton nouée à la taille, il porte à la ceinture un petit couteau. Le poignard traditionnel est maintenant interdit. Les femmes sont aussi habillées d'une lourde *chuba**. Des turquoises et du corail ornent leur coiffure.
Le Kham fut la destination de nos premiers voyages et études de terrain au Tibet. Nous retrouvons, plus de quinze ans après, le même accueil spontané, les mêmes rires, la même vivacité dans leur regard. La situation est pourtant bien différente. Les Tibétains sont désormais minoritaires sur leur sol. Le voyage se poursuit sur un haut et vaste plateau à plus de 4200 mètres. Des troupeaux de yaks et de moutons paissent tranquillement. Tibet traditionnel, profond. Les pâturages sont vert pâle, entourés de lointains sommets couronnés de neige. Malgré leur pic, ces montagnes ressemblent à des collines dénudées aux formes généreuses. Avec la distance, les rares arbustes recroquevillés forment des taches figées. L'atmosphère est douce, le silence réconfortant. Les maisons, en terre rouge, contrastent avec le vert des cultures en terrasse.

Chamdo, ancienne capitale du Kham

Son nom tibétain signifie « confluence de rivières », du Dza-chu et du Ngom-chu, affluents du Mékong. La ville située à un point de jonction stratégique est un centre de communication important. De grandes et hautes barres bétonnées, qui surplombent le Mékong, sont les premiers bâtiments d'habitation visibles en arrivant. La ville nouvelle engloutit l'espace restreint de la vallée encaissée. Seule une partie de la vieille ville, au pied du monastère Jampaling, est préservée.
Chamdo est une cité commerçante, bouillonnante d'activités. Si les communautés tibétaines et chinoises travaillent dans un même périmètre, il n'y a cependant aucun échange entre elles. Chacune a son territoire, son espace bien défini sur le marché.
Dans l'avenue principale, marchant en rangs serrés, plusieurs colonnes de jeunes appelés chinois défilent. Scène ordinaire de la vie quotidienne.
Le Rinpoche de Jampaling est proche du gouvernement de Pékin. Les subventions ne manquent pas, ce qui explique le faste du lieu et l'importance de la communauté. Les pèlerins continuent inlassablement les circumambulations*, les offrandes* et la récitation de *mantras**. Dans la chapelle principale, qui servit de prison à la Révolution culturelle, les moines récitent des prières*, boivent

<
Nous passons le col de Lang-la à 4572 m.
La route plonge de façon impressionnante sur 29 km, jusqu'à Kyitang au sud de Chamdo.
Nouvelles constructions conçues pour la sédentarisation des fermiers.

>
Chamdo, ancienne capitale du *Kham*.
Première ville tibétaine a être tombée sous les assauts de l'Armée populaire de libération en 1950.

du thé au beurre de yak et mangent de la *tsampa**. Des armes khampas* anciennes sont accrochées aux poteaux, enlacées de *khatas**.

L'axe septentrional Sichuan-Tibet

Le temps est chaud et lourd.

La route se transforme très vite en une piste défoncée, bloquée par endroits par des éboulements. Quinze kilomètres plus loin, une déviation triple notre temps de voyage. Au lieu de mettre deux heures, nous en mettons six. Nous ne regrettons pas ce chemin détourné car le paysage est magnifique. La piste étroite, qui domine le Mékong, suit le fond d'un grand canyon de roche couleur grenat. Nous voici propulsés dans les westerns américains. Les villages paisibles à l'entrée desquels se dressent des *chörten* rappellent que nous sommes au Tibet.

Soudain, apparaît un immense Bouddha blanc, semblable à ceux de Corée du sud. Un grand monastère s'étend à ses côtés : Tsagong Gompa. Cent quarante moines étudient et vivent dans cet endroit retiré, bâti il y a plus de 400 ans. Les *khangtsen**, petites habitations des religieux, entourent le monastère sur la partie opposée au Mékong. Les habitations des villageois sont dispersées en contrebas. Les poutres verticales extérieures aux maisons de pisé sont la spécificité des constructions de cette région. La linéarité dans la composition des villages tibétains n'existe pas, contrairement aux agglomérations chinoises qui s'alignent le long d'une route principale et se développent à partir de cet axe formant un village-rue.

Enfin, voici Riwoche. Dans le vieux village, à l'écart de la route principale, se trouve le monastère Tsuglhakhang de l'école *Kagyu**, fondé au XIIIe siècle. Cinq cents moines y résident. Pour ouvrir l'unique et impressionnante porte, il faut trois moines. Chacun possède une clé différente pour trois cadenas. Profitant de l'occasion, des locaux s'engouffrent à notre suite dans une joyeuse bousculade. Vu de l'extérieur, le bâtiment carré, imposant avec ses grandes bandes peintes en noir, rouge et blanc, ne ressemble à aucun autre. Il ne possède qu'une seule entrée, à l'Est. L'intérieur est comme un immense théâtre. Le plafond, – une verrière –, correspond au troisième et dernier niveau du monastère. La décoration est riche et originale. Un coffre renferme des parchemins de textes sacrés écrits à la main en lettres d'or sur de la peau d'animal traitée avec un poison pour le protéger des rats. En quittant Riwoche, nous reprenons la *highway*. En fait, ce qui est désigné comme « grande route » n'est qu'une piste. Il faut environ six heures pour arriver à l'étape suivante, Tengchen, distante de 150 kilomètres seulement.

C'est l'époque de la transhumance. Nous croisons plusieurs troupeaux de yaks qui appartiennent à la même communauté de nomades. Femmes et hommes sont à cheval. Deux cavaliers, un vieillard et une jeune fille, ferment le groupe, avec plusieurs yaks qui portent le matériel pour l'installation du campement. Arrive alors un jeune homme à moto avec un petit yak accroché à son porte-bagages. Le troupeau progresse lentement, en silence. Ils se rendent sur les pâturages à plus de 4 600 mètres d'altitude.

À une trentaine de kilomètres de Tengchen, à Gyangon, des villageois nous indiquent le monastère Khyungpori Tsedrug et nous demandent d'y amener leur petit garçon. Âgé de 7 ans, il y est novice. La montée, de plus de 600 mètres, est abrupte. De petits ermitages et deux temples sont accrochés à la paroi rocheuse du mont Khyungpo (4 978 m). Les pics blancs se détachent dans le ciel. Khyungpori Tsedrug est le plus grand monastère *bön* du Tibet. Aujourd'hui, 300 moines y vivent, répartis en différents collèges. Une vingtaine de jeunes novices suivent l'enseignement traditionnel. Ceci est exceptionnel, car depuis l'implantation du régime communiste sur le Toit du monde, les enfants doivent être scolarisés

dans une école publique. Le lama nous explique que c'est un endroit particulièrement épargné. Ils peuvent suivre leur tradition dans ce lieu reculé. Dans le village de Tsanga vivent 600 habitants. Ils sont tous *bönpos*. Ngawang Djepa nous invite dans sa maison. L'habitation est au premier étage. Il faut monter par une échelle faite en rondin d'arbre taillé. Âgé de 34 ans, Ngawang a trois enfants. Il part le lendemain, avec sa femme et d'autres villageois, ramasser les plantes médicinales dans la montagne où ils resteront cinquante jours. Dans la pièce principale, qui sert de cuisine et de chambre à coucher pour toute la famille, des sacs de *tsampa** et de la viande de yak séchée sont prêts. Des photos accrochées au mur représentent deux lamas supérieurs de l'ordre *Bön*. L'un d'eux vit en Inde, l'autre à Katmandou. Le poêle est éteint. Des bols vides et sales traînent sur les meubles bas. La télévision marche, un adolescent la regarde. Côté cuisine trône une baratte électrique jaune. Devant la maison en bas, la femme de Ngawang plie la tente blanche. Ils vont rester cinquante jours.
Notre périple se poursuit vers les sommets enneigés. Les paysages se succèdent. Leur variété empêche la lassitude.
Sur le bord de la route, cinq nonnes effectuent un pèlerinage. Elles viennent de la région de Chamdo. Elles parcourent 5 kilomètres par jour. Elles en ont déjà fait 250. Il leur en reste 1 000 pour arriver à Lhassa. Elles ont entre 35 et 40 ans. Leur monastère est de l'école *Sakya**. Elles préfèrent avancer quand il fait froid. Quand il fait chaud, se déplacer en se prosternant est beaucoup plus difficile. Elles font ce pèlerinage pour améliorer leur vie future, leur *karma**.
Les chevaux sont tranquilles au bord du torrent où est installé un campement de nomades. Les jeunes yaks restent auprès des tentes. Ils ont une couverture sur le dos. À plus de 4 600 mètres d'altitude, le soleil brûle dans la journée, mais la température chute brutalement dès qu'il disparaît. Une femme lave le linge dans le torrent, d'autres s'activent auprès des tentes. Des enfants jouent. L'écho de leurs rires se disperse dans cette immensité. Trois sœurs et leur mère nous font signe d'entrer dans leur tente pour boire le thé au beurre de yak. La famille, composée de six personnes, reste dans ce pâturage pendant trois mois. Après ils iront plus loin. Le plus jeune fils est pensionnaire à Damshung. Il ne peut pas suivre les aînés dans leurs déplacements de printemps et d'été. Les trois filles, aidées de leur mère, ont confectionné la tente, en trois ans. Il a fallu tondre les yaks, filer la laine, la tisser puis coudre les bandes.

La route Qinghai-Tibet (Tso-Bö Lam)

Le voyage se poursuit pendant de nombreuses heures avant d'atteindre en fin d'après-midi Nagchu, ville chinoise de garnison. Nous voici sur le grand axe routier Qinghai-Lhassa, parallèle depuis 2006 à la ligne ferroviaire.
Il ne nous reste qu'une demi-journée avant de revenir dans la capitale historique.

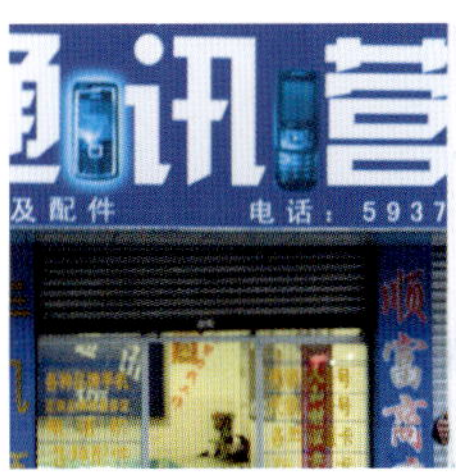

<
« La zone de développement est très prometteuse » assure cette affiche à l'effigie de Deng Xiaoping, à la sortie de Lhassa sur les nouvelles routes menant à l'aéroport et à la gare.

>
Rive nord du Yarlung Tsangpo. Deux Tibétains et leur coracle, ce bateau rond en peau de yak et armature en bois.

<
Bayi, ville de garnison chinoise. Son nom chinois signifie « 1er août », ce qui correspond à la date de création de l'Armée populaire de libération (APL).
Une vieille femme habillée de lambeaux, puis un homme viennent mendier.
Tous deux sont Tibétains.

<
Des touristes chinois lors d'un arrêt photo au bord du fleuve Yarlung Tsangpo, sur la route du col Kamba-la (4 794 m.) dans le Tsang.

^
Les travaux des champs débutent à peine. Deux *dzos* attelés au soc, creusent des sillons et préparent la terre.

<
Yumbu (« Mère-daim »)
Lagang (Lhakhang).
Premier palais royal, en forme de tour. Il ne reste pratiquement rien ou à peine quelques fondations. Château artificiel, il attire plus les touristes que les pèlerins.

<
Samye.
Véritable *mandala* terrestre,
il fut le premier monastère édifié
au Tibet au VIIIe siècle.

Tsethang,
ville on ne peut plus chinoise,
est plantée à l'entrée
de la vallée de Yarlung, lieu mythique
des premiers rois du Tibet.
v

<
Pèlerin accompagnant un Rinpoche d'une trentaine d'années. Ils viennent se recueillir devant le lac-oracle. Cette prière, adressée au Dalaï-lama, ils ne peuvent pas la faire dans leur monastère, nous explique le lama.

<
Le lac-oracle Lhamo Latso. Des pèlerins, venus se recueillir, lancent des papiers de prières en direction du lac.

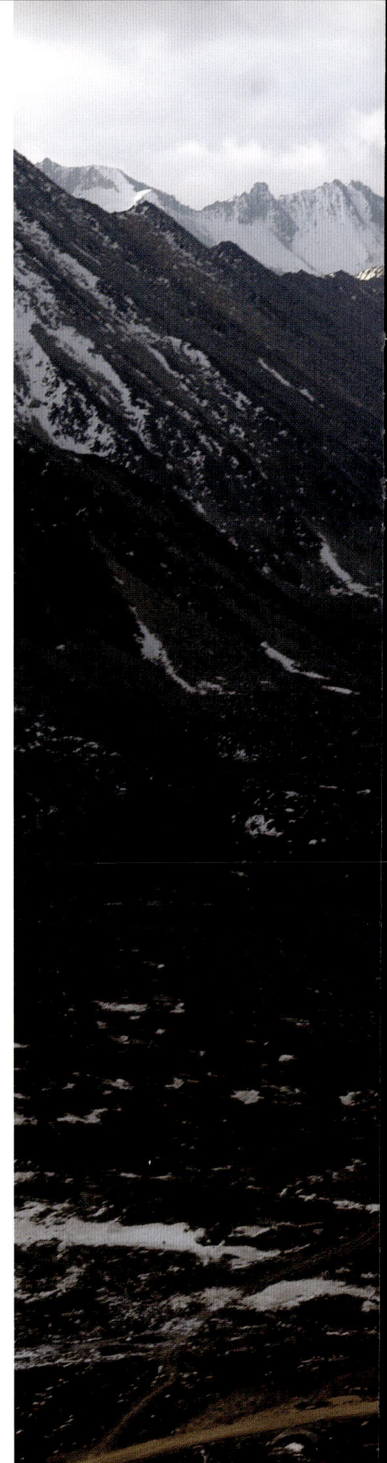

>
Le lac-oracle *Lhamo Latso.* L'air est glacial. Les nuages gris sombre planent au-dessus des cimes enneigées.

<
Cueilleurs de racines médicinales dans leur habitat provisoire, en toile verte de l'armée. La plupart des tentes sont blanches bordées de bleu. Certaines sont recouvertes de plastique.

<
Tsethang,
plantée à l'entrée de la vallée de Yarlung. Un cybercafé et sa salle réservée à Internet, de jeunes Chinois jouent en ligne et dorment sur place.

^
Bayi,
ville de garnison chinoise. Jeune Tibétain devant une boutique de téléphones portables.

^
Le Kongpo.
Une fois les gorges passées,
souvent inhabitées, sauvages, nous
arrivons dans des vallées luxuriantes.
La réalité nous heurte alors
violemment. Nous découvrons
un paysage remodelé
au goût de l'empire du Milieu.

>
Le Kongpo, région où la religion
pré-bouddhique le *Bön*,
est encore largement pratiquée.

À la sortie de Chamdo,
un fermier nous indique notre chemin.
V

\>
Chamdo est annoncée une dizaine de kilomètres avant d'arriver. Des grandes barres HLM surplombant le Mékong sont les premiers bâtiments d'habitation que l'on voie en arrivant.

>> page suivante
Chamdo.
Le monastère Jampaling, bien que de l'école *Gelug*, est dissident du Dalaï-lama. Son Rinpoche est proche de l'administration chinoise. Cela explique que les subventions ne manquent pas, que 800 moines puissent pratiquer ici.

^
Riwoche.
La plupart des villes traversées ont,
à l'image des villes chinoises,
une immense place impersonnelle,
désertée par les habitants,
sauf lors des défilés et
manifestations militaires.

^
À Nyintri.
Peu après le village, la route monte au col.
De nombreux drapeaux de prières
indiquent un chemin de pèlerinage.
Nous rencontrons trois nonnes
accompagnées de deux hommes,
chapelet à la main, qui suivent ce chemin
en sens inverse des aiguilles d'une montre,
comme le veut la tradition *Bön*.
Ici, au Kongpo, de nombreuses personnes
pratiquent encore cette croyance ancestrale.
Tous les cinq viennent de Nagchu.

<
Lunang dans le Kongpo.
Nous arrivons dans une magnifique vallée alpestre. Ici aussi les Chinois impriment leur marque (barrières, porte aux toits retroussés), sans respect.

<
À Guxiang,
petite plage au bord du fleuve, large comme un lac.
Ambiance bucolique.
Deux Chinois du Sichuan s'essaient à la pêche. Leur compagne s'amuse et leur tend des biscuits. Les criquets se déchaînent dans leur chant.

<
Yuxi,
source d'eau thermale. Site insolite avec piscine et petites tentes tibétaines dans un décor de parc chinois.
L'eau est chaude. Les gens, essentiellement des Tibétains, se baignent avec de grosses bouées.
Personne ne sait nager.
Tous s'amusent, mangent de la pastèque dans l'eau.

^
Peu avant Rawok, un troupeau
de chèvres arrive. Leurs sabots tintent
sur la chaussée. Leurs bêlements
légers les précèdent.
Le site est merveilleux. La vallée
s'ouvre sur deux lacs dans lesquels
se reflètent les grands pics enneigés.

^
Chamdo.
Employés de la banque faisant leurs exercices matinaux avant leur prise de travail au son d'une radio qui grince.

>
La forêt de pins pourrait être magnifique si des coupes sauvages ne la massacraient pas.
(Entre Chamdo et Riwoche)

<
Village de Tsanga,
non loin de Tengchen. 600 habitants,
ils sont tous *bönmpos*.
Tsewang a 34 ans, 3 enfants.
Leur maison est typique
de la pauvreté de ces villages.

∧
Entre Pasho et Chamdo (Kham),
avant le col Zar Gama
(Ga La Shan en chinois)
à 4 618 m.

<
Nous passons un col d'où nous voyons à l'ouest la chaîne de Nyenchen Tangla (Tanggula en chinois).

>
Entre Lhassa et Katmandou. La route est rectiligne. Nous traversons des petits villages dont les habitants sont occupés aux travaux de labour.

<
Tibet, Kham. Campement de nomades en contrebas de la route menant au monastère Khyungpori Tsedrug, le plus grand monastère *bön* du Tibet.

<
Tibet, Kham. au col Dzekri, 4 809 m. C'est l'époque de la transhumance. Nous croisons à peu de distance les uns des autres, plusieurs groupes de yaks appartenant à la même communauté de nomades. Le troupeau le plus important comprend une trentaine de bêtes et 16 chevaux. Ils vont sur les pâturages à plus de 5 000 mètres d'altitude.

>
Le monastère
Khyungpori Tsedrug
est le plus grand monastère
bön du Tibet. Aujourd'hui,
300 moines y vivent.

<
Après le col de Shel-la (4 830 m)
entre Tengchen et Sok. Sur la piste
en descendant, une vingtaine
de pèlerins nous précèdent.
Ils sont tous amis et viennent
du village de Ritro, près de Chamdo.

^
À l'approche de Gyantse,
la route est rectiligne. Au loin,
le fort datant du XIVe siècle.

>
Gyantse.
Des touristes chinois dans le parc
« aux héros du peuple ».
Au fond, le fort du XIVe siècle.

^
Monastère de Sok Tsanden,
à la sortie occidentale de la bourgade.
Il fait face à la vieille ville et tourne
le dos à la nouvelle ville chinoise.
Ce monastère fondé par le chef mongol
Gushri Khan avait la prétention de
ressembler, en plus petit, au Potala.

<
Monastère de Sok Tsanden,
à la sortie occidentale de la bourgade.
Il tourne le dos à la nouvelle ville
chinoise.

<
Un mastiff et son maître
devant le lac Yandrok-tso (4 488m.),
sur l'ancienne route de Gyantse
(Tsang).

^
Bayi.
Nous traversons une vallée emplie
de serres et de piscicultures
appartenant à des Hans et reprenons
la route vers l'est.

>
À une trentaine de kilomètres
de Tengchen,
les champs dédiés à l'orge
sont ensemencés.

Chamdo,
commerçante chinoise attendant
le client.
v

Exil

Prendre le chemin de l'exil,
sans rien emporter et au péril de sa vie,
n'est pas chose acceptée de gaîté de cœur.
Outre les multiples risques liés à l'environnement,
en l'occurrence, ici, la redoutable barrière himalayenne
et les conditions climatiques extrêmes, il y a aussi
les contrôles de plus en plus stricts et les reconduites
à la frontière de plus en plus fréquentes.

Malgré tout, plus de 80 000 Tibétains bravent, dès 1959, les dangers pour fuir leur terre ancestrale à la suite de leur chef suprême. Ils arrivent par l'Inde, le Sikkim, le Népal et le Bhoutan. Par la suite, le flot de réfugiés, traversant clandestinement les hauts cols, ne cesse de croître. Aujourd'hui, et ce depuis deux ans, la tendance se ralentit. En cause, la surveillance militaire chinoise et népalaise accrue le long de la frontière himalayenne.

Les familles proches du gouvernement théocratique, les lamas de haut niveau spirituel, les dignitaires, les intellectuels ou les responsables de villages, tous craignant non à tort, leur mise à mort par les communistes chinois, constituent la première vague migratoire, dans les pas du 14e Dalaï-lama.

Suivent des enfants et des jeunes, envoyés par leurs parents afin de recevoir une éducation tibétaine, des nonnes et des moines en quête d'une liberté de culte et désireux de ne plus subir les séances de rééducation, d'anciens prisonniers politiques et des personnes « ordinaires » ne supportant plus le joug communiste.

Quelque 150 000 Tibétains, dispersés sur tous les Continents, auraient actuellement le statut de réfugiés*. Les deux plus importantes communautés tibétaines en exil sont celles de l'Inde (plus de 100 000) et le Népal (environ 20 000). Ce dernier pays n'est qu'une base de transit pour les nouveaux arrivants, avant d'être envoyés à l'administration centrale tibétaine, à Dharamsala, pour régularisation de leur statut.

Le Tibet se décline à travers son identité, sa culture, ses multiples facettes sociétales et individuelles. Les lieux d'exil et le Tibet historique forment un tout indissociable. Pour cette raison, nous avons choisi d'évoquer nos rencontres au sein de la société tibétaine dispersée. Pour nous, étrangers, les codes reliant les différentes communautés tibétaines restent bien souvent incompréhensibles. Semblables et différents, proches et lointains, rassemblés et éparpillés, les habitants du Toit du monde représentent une énigme. Pour les côtoyer depuis longtemps, leur mystère appelle le respect.

Avant 1959, le gouvernement tibétain a fonctionné suivant un système théocratique pendant cinq siècles : les dalaï-lamas avaient les pouvoirs temporel (politique) et spirituel (guides religieux).
L'exil du dernier Dalaï-lama, suite à l'invasion chinoise, a favorisé le renversement de l'ancienne structure gouvernementale et la mise en place d'un système démocratique.

Dharamsala, Inde

Au lendemain de son accueil en Inde, le Dalaï-lama annonce devant les réfugiés tibétains réunis à Bodh Gaya* dans l'État du Bihar, son désir d'instaurer un gouvernement en exil sur des bases démocratiques. Cette décision contribue à l'unification des Tibétains en exil. L'Administration centrale tibétaine (ACT) s'installe en mai 1960 à Dharamsala. Elle représente la seule autorité pour les Tibétains exilés et revendique sa légitimité de représentation auprès des Tibétains vivant au Tibet. Le 2 septembre 1960, les premiers représentants du Parlement tibétain en exil sont élus.

Devant l'afflux incessant d'enfants orphelins ou séparés de leur famille, sans ressources, une des priorités du gouvernement en exil est la création d'un centre d'accueil. La sœur aînée du Dalaï-lama, Mme Tsering Dolma Takla, prend en charge cette institution. 51 jeunes y arrivent en mai 1960. En 2007, le Village d'enfants tibétains (*Tibetan Children's Village, TCV*) à Dharamsala accueille

<< page précédente
Rentrée des classes,
le matin au Village des enfants tibétains
(Tibetan Children's School, TCV).
Dharamsala, Inde.

quelque 1 800 enfants. Aujourd'hui, ils sont plus de 12 000 jeunes scolarisés dans les 17 écoles du *TCV* en Inde. Les cours se font en anglais, en tibétain et en hindi.

Le Gouvernement tibétain en exil s'est très vite attelé à la mise en place de structures pour les personnes âgées et les indigents. La sauvegarde des traditions culturelles et artistiques tibétaines est apparue comme un aspect essentiel du lien social de la communauté tibétaine en exil. C'est ainsi qu'ont été créés la fondation *Norbulingka* (sculpture sur bois et sur cuivre, peinture de *thangkas**, couture, reproduction de statues) qui accueille plus de 300 étudiants ; l'Institut des Arts Traditionnels Tibétains *Tipa* (danse, musique, chant, opéra, confectionneurs de masques et de vêtements théâtraux), avec plus de 55 acteurs et actrices permanents ; l'Institut de la médecine et de l'astrologie tibétaine ; la « *Library* », bibliothèque qui renferme plus de 70 000 manuscrits anciens tibétains, au moins 10 000 ouvrages, essentiellement en anglais, et une collection innombrable de cassettes sons et films en phase de numérisation.

À Dharamsala, petit bourg accroché à flanc de montagne de l'État de l'Himachal Pradesh, dans le nord-est de l'Inde, nous découvrons une unité identitaire tibétaine, libre et assumée. Le 14e Dalaï-lama, Tenzin Gyatso, réside aux côtés de ces réfugiés, loin du faste et de la magnificence du Potala, à Lhassa. La confiance accordée à leur chef suprême est unanime. Leur foi reste inébranlable. Toutes deux sont toujours aussi prégnantes. L'exil ne modifie en rien les comportements traditionnels. Il les renforce certainement. Même les jeunes, contestataires ou non de la Voie médiane souhaitée par le Dalaï-lama, expriment leur profond respect pour leur chef spirituel et temporel.

Désirant avoir une perception aussi objective que possible, nous décidons d'interviewer un panel élargi de réfugiés. Cela va du Premier ministre, le professeur Samdhong Rinpoche, au militant de base refusant la politique de la non-violence, en passant par des membres du Parlement, des étudiants, des artistes, une nonne, ancienne prisonnière politique au Tibet, des personnes croisées dans la rue. Certains ont fui le haut plateau, d'autres sont nés en exil.

L'extrême liberté de paroles étonne. Nous découvrons très vite la diversité des organisations non gouvernementales* (ONG) tibétaines ayant pignon sur rue, pas forcément en accord avec la politique du Gouvernement tibétain en exil et exprimant leurs points de vue. Les regards sont clairs, les idées précises. Enregistrer une interview ne pose pas de problème. Chacun, sûr de ses droits, défend sa position et l'exprime. Jamais on nous demande de supprimer tel ou tel passage ou de mettre en « off » une conversation.

Le futur du Tibet est un des points essentiels de leurs préoccupations. Tenzin Dharden Sharling, dont la famille est originaire d'un village au Sud de Lhassa, est née en Inde, Jeune membre de l'association des femmes tibétaines (*Tibetan Women's Association*), elle explique que « *le fait de devoir traiter avec une junte politique comme la Chine est difficile. Nous ne devons pas perdre espoir car nous avons confiance dans le pouvoir spirituel. Nous aimerions être positifs, penser que les nuages sombres vont se disperser* ». Et elle précise, un faible mais joli sourire aux lèvres, qu' « *après tant d'espoir, la lumière n'est toujours pas perceptible. La vie est imprévisible* ».

Assis sous des arbres, quelques jeunes gens discutent tranquillement. L'histoire de Tenzin Nyima, âgé de 19 ans, bien qu'exceptionnelle paraît, ici, commune. Né à Lhassa, il a franchi l'Himalaya par le Sud, avec un petit groupe de personnes. Il avait alors 10 ans.

Ses parents sont restés au Tibet. Il n'est pas sûr de les revoir un jour. Sa consolation est que « *grâce au Dalaï-lama, tous les pays étrangers savent ce qu'est le Tibet.*
Nous profitons d'un tel regard, c'est inattendu ».

Sur le pas d'un petit café, Viten Gyume nous raconte qu'il est arrivé à Dharamsala lorsqu'il avait 4 ans. Après avoir suivi sa scolarité au Village des Enfants Tibétains, il a décidé d'ouvrir ce lieu. Même s'il est libre, ses pensées sont sans cesse tournées vers son pays natal. « *Mon espoir pour le Tibet est qu'il retrouve son indépendance complète* », déclare-t-il avec fermeté. Et il ajoute après un silence réfléchi : « *Nous pourrions déjà espérer l'autonomie réelle. J'ai 23 ans et j'espère vraiment pouvoir retourner au Tibet. Même si j'y suis né, je n'ai plus de représentation de ce pays.* »

En novembre 2008, s'est tenue une réunion exceptionnelle de tous les représentants des communautés de Tibétains en exil, venus du monde entier. Ils étaient plus de 600 à répondre à l'invitation du Dalaï-lama. Ce dernier, qui ne participait pas aux débats et rencontres, souhaitait abandonner son rôle de chef politique. Les tragiques événements du printemps 2008 au Tibet et le blocage des discussions avec la Chine sur le futur du Tibet le poussaient à remettre en question sa politique de la Voie médiane.

L'animation est à son comble dans les ruelles étroites, en pente, de McLeod Ganj, la partie haute de Dharamsala. Ici vit la communauté tibétaine, d'où son surnom de « Petit Lhassa ». La partie intermédiaire, la Library, où se trouvent les bureaux du Gouvernement tibétain en exil, le Parlement et la grande bibliothèque, a aussi perdu de son calme habituel.

L'émotion saisit l'assemblée, lorsque les jeunes gens du *TIPA* jouent et chantent l'hymne national, lors de l'ouverture du grand rassemblement. Le drapeau tibétain, avec ses deux lions au pied d'un pic enneigé et ses rayons qui l'illuminent, flotte dans la grande pièce. Les Tibétains, vêtus de leur habit traditionnel, la *chupa*, entonnent debout, gravement, le chant.

Arrivé du Tibet à l'âge de 13 ans, Japa Shrim est secrétaire dans la section culturelle de l'association Tibetan Youth Congress. « *Beaucoup de Tibétains considèrent notre ONG comme radicale* », précise d'emblée Japa Shrim. Pourtant explique-t-il « *notre gouvernement en exil est une démocratie. Nous pouvons faire ce que nous voulons, en accord avec lui. Nos objectifs sont de nous battre pour l'indépendance et aussi pour la démocratie* ». Pour lui, le plus grand problème des Tibétains est de trop compter sur le Dalaï-lama. Précisant sa pensée, il ajoute que « *nous obtiendrons l'indépendance et j'espère que les Tibétains seront mobilisés pour leur cause, par eux-mêmes, non seulement par Sa Sainteté le Dalaï-lama. Comparé à ce que nous devrions faire, nous ne faisons pas grand-chose* », conclut-il avec une certaine amertume.

Comme en écho à ce souhait, le Professeur Samdhong Rinpoche, Premier ministre du Gouvernement tibétain en exil, nous déclare à propos du grand rassemblement que « *Sa Sainteté met tout en œuvre pour que les Tibétains prennent conscience de leurs responsabilités et les assument, comme c'est le cas pour toute communauté démocratique* ». « *Aujourd'hui, la jeune génération est majoritaire,* constate le Premier ministre. *Ils émergent, ils sont très actifs, même parmi ceux qui sont nés en exil. Ils sont tous motivés, bien sûr, pour aller vivre au Tibet. C'est la raison pour laquelle ils travaillent pour la libération du Tibet* », conclut-il.

Parmi tous les témoignages, nous cherchons la faille. Ce peut-il qu'à l'unanimité, tous les réfugiés, jeunes ou vieux, femme ou homme, laïcs ou religieux, soient portés par un même désir, celui du retour au Pays des neiges ?

Non sans mal, nous la trouvons. C'est un jeune père de famille, bien intégré, bien dans sa vie et sûr de ses convictions. Il habite un petit appartement sans prétention. Ses deux fillettes sur les genoux, il nous révèle, à la grande stupéfaction de sa sœur, qu'il ne pense pas quitter Dharamsala. Ses enfants sont scolarisées, sa femme et lui ont du travail. « *Même si le Tibet est libre, que ferions-nous dans ce pays que nous ne connaissons que par les récits d'anciens, les témoignages de ceux qui en reviennent ou les livres ?* », interroge-t-il. « *Je pense que ce ne serait pas possible, pour nous de survivre là-haut* », reconnaît-il d'une voix posée. Ses enfants font partie de la 2e génération née en exil.

Nous aimons la diversité de ce « Petit Lhassa », libre, coloré et fébrile. Aux réfugiés se mêlent les Indiens, les Asiatiques et les Occidentaux. Chacun y trouve sa place dans une multitude d'activités. Accrochées avec hardiesse à flanc de colline, à 1700 mètres d'altitude, les hautes habitations de guingois surprennent. Nous sommes bien en Inde. Pour preuve : les vaches sacrées, les singes acrobates et les chiens endormis dans la chaleur poussiéreuse.

Népal

Les cols entre le Tibet et le Népal étant, depuis des décennies, utilisés pour les échanges, ils ont permis à de nombreux Tibétains de fuir l'occupation de leur pays dès la première heure. Il était plus facile de s'échapper pour les Tibétains vivant dans la partie occidentale du haut plateau que pour les habitants du Kham et de l'Amdo. Les distances multipliaient les dangers et le temps de parcours.

Arriver au Népal après avoir vaincu les redoutables obstacles ne signifiait pas la fin des souffrances. Tous avaient perdu leurs familles, leurs biens, leurs repères. Certains sont restés dans la haute montagne plus proche de leur environnement d'origine, d'autres sont descendus dans la vallée de Katmandou. Le choc de civilisation, de langue, de mode de vie a été terrible. Malgré les difficultés matérielles conséquentes à cette première vague d'immigrants, le Népal, alors royauté, les accueillit.

Ce n'est plus le cas aujourd'hui. D'une part à cause du changement politique de l'ancien petit royaume et d'autre part par l'exaspération croissante d'une population pauvre face à ce flot constant de nouveaux venus qui bénéficient d'une aide internationale. Fin 2006, le gouvernement signe avec le Parti communiste népalais (maoïste) un accord de paix qui met fin à dix années de guerre civile. Le roi Gyanendra est démis de ses titres et fonctions. Le Népal devient un État laïc, la République démocratique fédérale du Népal. Les élections du printemps 2008 sont remportées par les maoïstes. Pékin apporte son soutien au nouveau gouvernement.

Une importante communauté tibétaine est installée à proximité du grand Stupa de Boudhanath, à l'est de Katmandou. Ce monument aurait été édifié par le premier roi bouddhique tibétain, Songtsen Gampo au VIIe siècle de notre ère, après son mariage avec la princesse népalaise Bhrikuti.

De l'aube à la nuit tombée, une ronde incessante, continue, tourne autour du grand stupa. Un long murmure se propage parmi les récitants qui égrènent leur chapelet. Quelques boutiques déversent

inlassablement le chant du *mantra* « *Om Mani Padme Um** ». Tout comme les Tibétains, les Népalais et les Indiens, bouddhistes ou hindouistes, les moines et les nonnes, les visiteurs de passage, seuls ou en famille, tel un rituel, nous suivons le flot et le rythme.

Cette multitude vestimentaire colorée est fascinante. Les femmes sont les meilleures représentantes des différentes communautés. Elles portent toujours les habits et les parures traditionnels. Aux voiles légers, multicolores se mêlent les longues *chuba** sombres avec leur tablier rayé. Jeans et T-shirts sont la tenue des plus jeunes, quelque soit leur nationalité.

L'ambiance, bien que recueillie, est très bon enfant. Les gens s'interpellent, se saluent, échangent des plaisanteries. Dans cette atmosphère, légère et tranquille, se profile néanmoins le drame qui se joue de façon permanente sur le haut plateau. À côté des drapeaux de prières, le drapeau tibétain flotte dans quelques échoppes. Un vendeur de sous-vêtements propose des T-shirts « *Free Tibet* » (Tibet libre). Un graffiti datant des émeutes du printemps 2008 clame « *Stop Killing in Tibet* » (Arrêtez de tuer au Tibet).

Voisin direct du Tibet, le Népal est devenu depuis l'accession au pouvoir des maoïstes, le plus proche allié régional du gouvernement chinois. La politique et la tolérance du petit État himalayen ont bien changé, en quelques mois, envers les réfugiés tibétains. Tolérés, ils sont aujourd'hui menacés d'expulsion au moindre écart ou fortement réprimés si leur certificat de résidents permanents est à jour.

Leur courage et leur détermination sont impressionnants. Au hasard des rues, des jours, nous croisons parfois un petit groupe d'activistes arborant des T-shirts « *Stop accusing Dalai-lama* » (Arrêtez d'accuser le Dalaï-lama), portant un masque sur la bouche sur lequel est écrit « *Save Tibet* » (Sauvons le Tibet) et tenant une bougie allumée dans leur main. Une banderole noire précise qu'il s'agit d'une « action non-violente ». Le plus souvent, leurs revendications portent sur l'arrêt de la colonisation chinoise et des exactions commises contre le peuple tibétain. Parfois, c'est un simple appel pour que soit appliqué l'article 18 de la Déclaration universelle des Droits de l'Homme*.

Leur manifestation dure peu. Juste le temps que les forces de l'ordre arrivent sur le lieu et embarquent tout le monde. Au milieu des badauds et de quelques photographes de presse prévenus à l'avance par les manifestants, nous avons assisté à quelques-unes de ces scènes. C'est toujours le même scénario. Tout se passe rapidement, avec précision, pratiquement sans violence policière. Trop de témoins y assistent.

La suite, nous ne la connaissons que par ouï-dire. Quelques personnes ont affirmé que les manifestants étaient durement interrogés puis relâchés après vérification d'identité.
Il n'y a jamais un mot dans la presse, ni le lendemain, ni les jours suivants. Le Premier ministre Puspa Kamal Dahal, dit Prachandra, auparavant chef des maoïstes, a déclaré en mai 2008 lors d'une conférence à l'attention des principaux journaux nationaux et locaux, que « *la presse doit être contrôlée par le gouvernement, comme dans les démocraties occidentales* ».

La mobilisation massive, au printemps 2008, de la communauté tibétaine au Népal fut intense.

Dans le principal temple bouddhique à l'ouest de Katmandou, Swayambhunath, le « temple des singes », une grève de la faim tournante sur 24 heures, illimitée, était organisée. Une soixantaine

Dans cette atmosphère légère et tranquille,
se profile néanmoins le drame du haut plateau.
À côté des drapeaux de prières,
le drapeau tibétain flotte dans quelques échoppes.

de Tibétains, moines, nonnes, laïcs, jeunes et plus âgés se relayaient pour prier et chanter. Installés sous de grandes bâches tendues, assis en tailleur sur des tapis à même le sol, ils portaient des masques noirs sur le nez et la bouche sur lesquels des slogans en anglais et en tibétain étaient écrits : « *Arrêt de la tuerie au Tibet* », « *la Chine ment, les Tibétains meurent* », « *Laissez la presse internationale entrer au Tibet* »... et un brassard noir en hommage aux Tibétains morts lors des répressions. Devant eux étaient posés des cartons sur lesquels on pouvait lire « *Libération des prisonniers* », « *Soins aux blessés* », « *Arrêt de la colonisation* », « *Tibet libre* » ... Des tracts étaient distribués aux passants, locaux ou touristes, expliquant la situation de leur pays d'origine. Le 25 avril, un nouveau tract était apparu, célébrant le 19e anniversaire de Gedun Choekyi Nyima, le plus jeune prisonnier politique du monde, enlevé à l'âge de six ans par les dirigeants chinois. Personne ne sait ce qu'est devenu le jeune Panchen-lama, reconnu par le 14e Dalaï-lama. Les drapeaux tibétains, népalais et bouddhiques flottaient devant le chapiteau.

À Boudhanath, la communauté tibétaine se réunissait pour prier de 9 heures à 17 heures tous les jours. Du thé et des repas étaient distribués gratuitement aux participants. Sur les murs du bâtiment collectif, une exposition photos et des articles de journaux montraient et expliquaient les violences au Pays des neiges. « *Nous avons lancé un appel aux dirigeants des grands pays et aux Nations Unies pour qu'ils viennent à notre aide* », m'expliqua M. Gyatso, responsable du bureau des réfugiés tibétains au Népal. « *Jusqu'à aujourd'hui, nous n'avons pas reçu de réponses. La grève de la faim et les prières sont nos seuls moyens d'action* », poursuivit-il.

Les grévistes de la faim n'étaient jamais inquiétés par les forces de l'ordre. En revanche, les actions, plus sporadiques organisées par SMS pour déjouer la vigilance de la police armée, étaient vite réprimées et dispersées violemment.

Hors de Katmandou, les petites communautés tibétaines s'étaient aussi organisées. Ainsi, à Namche Bazar, dernier gros bourg avant le camp de l'Everest, la dizaine de familles réfugiées du haut plateau se réunissait tous les soirs après le travail chez le chef de la communauté pour prier. Le soir où nous avons assisté à leur rencontre, une veillée spéciale était organisée, correspondant au 49e jour suivant le décès du premier mort à Lhassa. Selon la tradition bouddhique, il faut honorer cet anniversaire pour permettre à l'âme du défunt de quitter sereinement et définitivement le monde des humains. M. Ngedhon, chef de la communauté, nous raconta qu'il était arrivé à Namche Bazar en 1959. Jeune enfant, il était le premier réfugié tibétain. À 64 ans, les larmes aux yeux, il expliquait que « *si les Chinois montent la flamme olympique jusqu'au sommet de l'Everest, la répression risque d'être pire au Tibet. Ce sera une domination sans merci* ». Sonam, jeune homme qui faisait de la résistance avec le drapeau « *Tibet libre* » dans sa boutique malgré les menaces de la police, se disait prêt à être arrêté pour défendre la cause tibétaine. « *Nous sommes des manifestants pacifiques. Nous ne pouvons plus retourner chez nous. Les Chinois n'ont pas le droit d'envahir notre pays. Je suis choqué qu'ils portent la flamme olympique, ce symbole de paix et des droits de l'homme* », nous confia-t-il.

Un an s'est écoulé. Tout semble apaisé.

Pourtant, les Tibétains ne jouissent plus de la liberté d'expression. S'ils veulent garder leur statut de réfugiés et rester au Népal, ils doivent se taire et ne pas critiquer la politique chinoise.

^
Institut Norbulingka, Dharamsala, Inde.
Cette fondation œuvre pour
la sauvegarde et l'enseignement
des arts traditionnels tibétains.

>
Inde, Dharamsala.
Chanteuses de l'Institut des Arts
traditionnels tibétains (TIPA),
lors du Congrès de novembre 2008
rassemblant tous les responsables
de la communauté tibétaine en exil.

Dharamsala, Inde.
Ville connectée au monde.
V

>
Dharamsala, Inde.
Une nonne dans une cabine
téléphonique. En affichette,
le jeune Panchen-lama, le plus jeune
prisonnier politique du monde.

HELP US TO RELEASE
THE 11TH PANCHEN LAMA OF TIBET

^
Dharamsala, Inde.
Nonnes réfugiées du Tibet, au couvent de Geden Choeling, pendant un cours de mathématiques.

>
Dharamsala, Inde.
Deux nonnes réfugiées récemment arrivées du Tibet, au couvent de Geden Choeling (Geden Choeling Nunnery).

^
Dharamsala, Inde.
Au TCV *(Tibetan Children's Village)*,
une classe d'enfants.

<
Inde, Dharamsala.
La *Library*, bibliothèque qui renferme plus de 70 000 manuscrits anciens tibétains, au moins 10 000 ouvrages en langues étrangères (anglais essentiellement), ainsi qu'une collection d'innombrables cassettes sons et films en phase de numérisation.

Tibetan Parliament - in - Ex

^

^

Inde, Dharamsala. Le Dalaï-lama lors d'une conférence de presse à l'issue du Congrès de novembre 2008, s'adressant au Premier ministre.

^

Dharamsala, Inde.
Le Premier ministre Professeur Samdhong Lobsang Tenzin Rinpoche et la vice-présidente du Parlement en exil, à l'ouverture du Congrès rassemblant les délégués élus représentant les Tibétains en exil de par le monde.

<

Dharamsala, Inde.
Entrée du bâtiment
du Parlement tibétain en exil.

Népal,
Le grand stupa de Boudanath.
La communauté tibétaine
s'y rassemble quotidiennement.
V

>
Dharamsala, Inde.
Une cérémonie religieuse
au monastère Nechung,
monastère de l'oracle.

^
Népal, Katmandou.
Une nonne, gréviste de la faim,
proteste contre la répression au Tibet
en avril 2008.

>
Katmandou Népal.
Manifestation pour protester contre
la répression au Tibet.
9 avril 2009.

TOURI
Sunrise
Paragliding

>
Népal, Katmandou.
Nonnes au poste de police
après avoir été arrêtées lors
d'une manifestation pour protester
contre la répression au Tibet
en avril 2008.

Népal, Katmandou.
Un jeune Tibétain devant une affiche
montrant les photos des victimes
de la répression au Tibet.
25 avril 2008.
v

page suivante >>
Inde, Ladakh (Jammu et Cachemire).
Vallée de Lamayuru, non loin
du col Fatu La (4 094 m.), balayé
par les vents. C'est le col le plus haut
sur la route Srinagar–Leh. Au fond
de la vallée est édifié le monastère
Lamayuru, dont les premières
fondations remontent
à la fin du Xᵉ siècle.

Glossaire

Abréviations
(ch.) : chinois,
(fr.) : français,
(n.) : népalais,
(s.) : sanscrit,
(t.) : tibétain,
(m.) : masculin, mâle,
(f.) : féminin, femelle.

A

Amban : titre mandchou donné aux commissaires impériaux chargés de contrôler certains secteurs.

Atisha (980-1054) : Dipamkara Shrijnana, maître indien, fut un des initiateurs du retour du bouddhisme au Tibet et de sa seconde diffusion.

Avalokitesvara (s.) : cf. Chenresi (t.).

B

Baohu (ch.) : protéger, protection en chinois.

Barkhor : circuit de pèlerinage dans le vieux quartier autour du Jokhang, le long duquel les étals de marché et les boutiques proposent toutes sortes d'articles traditionnels et chinois.

Bharal de l'Himalaya : cf. Mouton bleu.

Bodh Gaya : état du Bihar en Inde, lieu où le Bouddha aurait reçu l'Éveil.

Bön : croyance populaire prébouddhique encore pratiquée en certains lieux.

Bönpo : pratiquant du *Bön.*

Bouddhisme : les quatre écoles bouddhiques principales au Tibet : les *Gelugpa* ou les « Vertueux », les *Nyingmapa* ou les « Anciens », les *Sakyapa* et les *Kagyupa* ou « Ceux de la transmission orale ».

Brikuti Devi (n.) : cf. Tritsun (t.)

C

Chamdo (t.), Qamdo (ch.) : capitale du Kham, avant le redécoupage par le gouvernement de Pékin de cette région et son rattachement aux provinces chinoises du Sichuan et du Yunnan.

Chakssal : cf. prosternations.

Chengdu : capitale du Sichuan.

Chenresi (t.) : *Avalokiteshvara* (s.), bodhisattva de compassion.

Chien : cf. Mastiff.

Chomolungma (t.) : Everest, désigné comme la « Déesse-mère » par les Tibétains.

Chöpa : offrande offerte aux divinités des monastères ou aux lieux sacrés.

Chörten (t.) : *Stupa* (s.). Monument plus ou moins haut, en pierres et en terre, dont les plus importants contiennent des reliques.

Chuba (t.) : longue robe en peau de mouton que portent aussi bien les hommes que les femmes.

Circumambulation : Nekhor (t.). Rituel religieux qui consiste à tourner, dans le sens des aiguilles d'une montre, autour d'un site sacré en récitant des prières ou des *mantras*. Le but est d'accumuler des mérites pour une vie future.

Constitution de la République populaire de Chine, (révision, amendement 2004) : Article 4. « Toutes les nationalités sont égales en droits en République populaire de Chine. L'État garantit les droits et les intérêts légitimes des minorités nationalités, maintient et développe les rapports entre les nationalités selon le principe de l'égalité, de la solidarité et de l'entraide. Toute discrimination et oppression à l'égard d'une nationalité, tout acte visant à saper l'unité des nationalités et toute activité séparatiste sont à proscrire. L'État aide les régions de minorités nationales à accélérer leur développement économique et culturel en tenant compte de leurs particularités et de leurs besoins. L'autonomie régionale est appliquée là où les minorités nationales vivent en groupes compacts ; à cet effet sont établis des organes d'administration autonome qui exercent le droit d'autonomie. Toutes les régions d'autonomie nationale sont parties intégrantes de la République populaire de Chine. Toutes les nationalités jouissent de la liberté d'utiliser et de développer leur langue et leur écriture, de conserver ou de réformer leurs usages et coutumes. »

D

Dalaï-lama (*Tale*, origine mongole) : *Gyalwa Rinpoche* (t.), « Océan de sagesse ». Titre attribué au XVIe siècle par le chef *mongol* Altan Khan, descendant de Gengis, au troisième chef de la lignée Gelug. Les dalaï-lamas exercèrent au Tibet les pouvoirs religieux et temporels jusqu'à la fuite du 14e Dalaï-lama en Inde en 1959.

Déclaration universelle des droits de l'homme, article 18 : « *Toute personne a droit à la liberté de pensée, de conscience et de religion ; ce droit implique la liberté de changer de religion ou de conviction ainsi que la liberté de manifester sa religion ou sa conviction seule ou en commun, tant en public qu'en privé, par l'enseignement, les pratiques, le culte et l'accomplissement des rites.* »

Déforestation : les chiffres ne sont pas récents. Pourtant, entre 1959 et 1985, la couverture forestière est passée de 25,2 millions d'hectares à 13,5 millions d'hectares.

Dekyi Shar Lam (t.), Beijing Chonglu (ch.), Rue Est de Pékin (f.), à Lhassa.

Dharamsala : bourg où réside le Dalaï-lama, siège du Gouvernement tibétain en exil, dans l'État de l'Himachal Pradesh, dans le nord-est de l'Inde.

Drapeau de prières : lungta (t.) sur lequel sont écrites des formules sacrées.

Drapeau tibétain : reprenant le drapeau des anciennes armées tibétaines, le

13e dalaï-lama en a fait un drapeau unique. Au centre, l'imposante montagne enneigée représente la nation tibétaine. Sur fond de ciel bleu sombre, six bandes rouges représentent les six tribus primitives. Les bandes bleues représentent l'enseignement spirituel. Au-dessus du sommet enneigé, le soleil représente la liberté, le bonheur et la prospérité pour tous les Tibétains. Au pied de la montagne, un couple de lions représente l'unification du laïc et du spirituel. Les bijoux symbolisent l'attachement aux valeurs du bouddhisme. La bordure jaune indique la diffusion dans le temps et l'espace des enseignements du Bouddha.

Dri : femelle du yak.

Drokpa : nomades des hauts plateaux.

Drölma (t.), *Tara* (s.) : déesse. Forme féminine du bodhisattva de compassion. Elle se présente sous deux aspects : la *Tara blanche* et la *Tara verte.*

Dzo (m), *Dzomo* (f) : croisement d'un yak et d'une vache. Plus petits et dociles que le yak, ils sont utilisés pour les travaux des champs et le transport de marchandises.

E

Environnement : la situation exceptionnelle du Tibet, dont l'altitude moyenne est de 4 000 mètres, et dont la superficie est estimée entre 1,3 (RAT) et 3,8 millions de km^2, a fortement influencé son environnement. La grande variété géographique et climatique ont créé une biodiversité très riche. Les scientifiques estiment à environ dix mille espèces de plantes, 118 espèces de mammifères, 505 espèces d'oiseaux,... Ce fragile environnement a été protégé durant deux millénaires par le faible taux de population. La tendance s'inverse aujourd'hui avec l'afflux des Chinois et leur mode de vie.

Espèces en danger : le *drong* (yak sauvage), le *kiang* (hémione ou âne sauvage), le *lawa* (chevrotain porte-musc), la *trung-trung-kaynak* (grue à col noir), le *bamen* (proche du bœuf musqué), le *saa* (léopard des neiges), le *gangtral* (singe des neiges), *ser-tral* (singe doré), *le wob*, *thomtra-marchung* (petit panda), le *thomtra* (panda géant), l'ours noir d'Asie...

F

Fermier : Pöda (t.).

Funérailles : traditionnellement, pour les habitants du Toit du monde, il y avait quatre sortes de cérémonies funèbres : la crémation était réservée aux lamas de haut rang, aux maîtres religieux. Les cendres et les reliques étaient récupérées ; les funérailles célestes, les plus communes. C'est l'offrande du corps aux vautours ; les funérailles de l'eau, réservées à des miséreux. C'est l'offrande du corps aux poissons ; les funérailles terrestres, les plus rares. Elles sont réservées aux personnes ayant commis des délits graves ou atteintes de maladie contagieuse.

G

Gelug, les « Vertueux » : école bouddhique fondée par Tsongkhapa (1357-1419). Elle devint prédominante au XVIIe siècle, lorsque le 5e Dalaï-lama étendit son pouvoir en tant que chef spirituel et temporel sur tout le pays.

Gormo (t.) : Golmud (ch.).

Gompa, dgon pa (t.): monastère.

Guanxi (ch.) : relation, parrainage ou protection pour obtenir un traitement de faveur.

Guru Rinpoche (t.) : *Padmasambhava* (s.). Maître indien du VIIIe siècle. Il introduisit le bouddhisme au Tibet. Sur ses conseils, le roi *Trisong Detsen* fonda Samye, premier monastère du Tibet.

H

Han : Chinois de souche.

Hui : Chinois musulman, minorité du nord-ouest de la Chine.

J

Jokhang ou Tsuglagkhang, signifie « lieu de dévotion ». Édifié sous le règne de *Songtsen Gampo* au VIIe siècle, il représente le lieu le plus sacré du Tibet. Les pèlerins y vénèrent la statue du Jowo Sakyamuni*.

Jowo Sakyamuni : statue représentant un bouddha ayant les traits d'un enfant de huit ans. Elle a été offerte par la princesse chinoise Wencheng, une des épouses du roi, Songtsen Gampo.

K

Kagyü : école bouddhique dont la caractéristique repose sur le principe de la transmission orale. Marpa* transmit oralement les enseignements ésotériques à Milarépa*.

Karma : les actions négatives et positives accumulées durant une vie, se reportant sur la vie future, suivant la philosophie bouddhique de l'incarnation. « Bon *Karma* » est pris dans le sens « Nous avons de la chance, les dieux sont avec nous ».

Karmapa : lignée de l'ordre bouddhique des *Kagyü.*

Kham : province tibétaine. Sa partie occidentale a été intégrée en 1965 à la Région autonome du Tibet. Le reste a été incorporé aux provinces chinoises du Yunnan et du Sichuan.

Khampa : habitant du Kham.

Khangtsen : maisons des moines, quartier où vivent les moines autour du monastère.

Khata : écharpe cérémonielle, généralement blanche, parfois écrue, en coton ou en soie. Déposé par les pèlerins sur des divinités ou en certains lieux sacrés, le *khata* est aussi utilisé dans la vie quotidienne entre personnes en signe de bienvenue, de chance ou de protection.

Kora : circuit de pèlerinage.

Kongpo : province au sud de la RAT.

L

Lac : Lhamo (t.).

Langue : chaque province tibétaine a son propre dialecte. La langue officielle est celle de Lhassa. L'écriture tibétaine est née sous le règne de Songtsen Gampo. Créée par son ministre Thonmi Sambhota, elle s'est inspirée de l'écriture indienne. L'alphabet comporte 30 consonnes et 5 voyelles (4 + le « a » intrinsèquement lié à chaque consonne). Un système de transcription en caractères romains existe qui, contrairement à la transcription en *pinyin* des idéogrammes chinois, n'est pas phonétique.

Lhassa : littéralement « terre des dieux », (« *lha* », dieux; « *sa* », terre) aurait pour origine le nom du lieu sur lequel la cité aurait été édifiée au VIIe siècle. Selon la tradition, celui-ci était « *Rasa* », « l'enclos des chèvres » (« *Ra* », chèvre; « *sa* », terre).

Li An-che : anthropologue chinois, conseiller culturel pour le Tibet et les Tibétains dans les années 40 du *Kuomingtang* puis pour la République populaire. *Li An-che* a suggéré à son gouvernement de prendre exemple sur les Tibétains quant à *« l'indépendance des femmes par rapport à leur subordination aux hommes; la possibilité pour les femmes d'hériter de leur maison, des terres et des entreprises économiques sans être supervisées par les hommes; la liberté des femmes de se marier ou de divorcer, etc. En bref, il a recommandé que les femmes chinoises soient* « libérées » *suivant les lignes de pratiques traditionnelles tibétaines* ». Quand l'Armée populaire de libération est entrée à Lhassa pour « *libérer les femmes* », celles-ci ont considéré que la promesse chinoise était aussi séduisante qu'« *un déluge en mauvaise période pour un fermier* ». (cf. *History of Buddhism. Views of women's roles in Buddhist Tibet*, de Béatrice D. Miller, éd. A. K. Narain, Delhi (Inde), 1980.

Lingkhor : circuit de pèlerinage autour de l'ancien district de Lhassa.

Lungta (t.) : drapeau de prières.

M

Mandala (s.) : *Kyilkhor* (t.), représentation cosmologique, réalisée sous forme graphique (cf. *thangka*) ou terrestre (cf. implantation du monastère de Samye), dédiée principalement à la méditation.

Mantra : formule incantatoire, que récite le pèlerin. La plus connue est « *Om Mani Padme Hum** ».

Marpa : (1012-1096), maître de Milarepa*. Il est né dans une famille de riches propriétaires terriens de la province tibétaine du Lhodrak, frontalière avec le Bhoutan. Il développa l'école des *Kagyüpa*.

Marpori : « Montagne rouge ». *Ri* (t.) : montagne. *Marpo* (t.) : rouge.

Mastiff : chien des nomades tibétains. C'est un des chiens d'élevage les plus anciens, le seul à supporter une altitude de plus de 4 500 mètres. Cette race est en danger de disparition à cause des clonages et des croisements avec d'autres chiens importés.

Le Monde de l'Education, n°233, janvier 1996.

Milarepa (1040-1123) : sage, ascète et poète tibétain, disciple de Marpa. Une de ses œuvres majeures fut « *Les Cent Mille Chants* ».

Moulin à prières : l'instrument religieux le plus répandu chez les Tibétains. Il est composé d'un cylindre creux dans lequel se trouve un *mantra* imprimé sur une bande de papier. Celle-ci est enroulée autour d'un axe central qui permet la rotation. La taille des moulins varie en fonction de leur utilisation.

Mouton bleu : appelé aussi *bharal de l'Himalaya*. Nous avons eu la chance d'observer un groupe de moutons bleus, non loin du glacier Nojin Kangtsang. Son pelage gris couleur des roches lui permet de se dissimuler sur les pentes rocheuses couvertes d'herbe basse et de lichens. « Bleu » vient des reflets de son premier duvet lorsqu'il est jeune.

N

Nekhor : circumambulation.

Norbulingka : « Parc du joyau », où se trouvent les anciens palais d'été des dalaï-lamas, à l'ouest du centre-ville. Au septième mois lunaire, le parc accueille des tentes, des spectacles de chants et d'opéra pour le festival de *Shötun*, le festival du yaourt. Le premier palais a été édifié par Kelsang Gyatso (XVIIIe s.), le 7e Dalaï-lama. Le dernier palais, appelé Takten Migyür Potrang (« Palais indestructible ») fut construit entre 1954 et 1956 par Tenzin Gyatso, l'actuel 14e Dalaï-lama. C'est de là que celui-ci prit le chemin de l'exil en mars 1959.

Nyingma : école bouddhique dite des « Anciens », fondée au VIIIe siècle.

O

Offrande : Chöpa (t.).

Om Mani Padme Um : Mantra le plus récité au Tibet. Il symbolise Chenresi, le Bouddha de la Compassion et protecteur du Tibet.

Ordres bouddhiques : cf. *Gelug*, *Nyingma*, *Kagyu* et *Sakya*.

Organisations non gouvernementales (ONG) à Dharamsala : pour ne citer que les principales : « *Tibetan Women's Association* » (Association des femmes tibétaines) ; « *Tibetan Youth Congress* » (Congrès des jeunes tibétains) ; « *National Democratic Party of Tibet* » (Parti démocratique national du Tibet) ; « *Gu-Chu-Sum Movement* » (Association des prisonniers politiques).

P

Panchen-lama : « Grand maître savant ». Titre accordé, en 1642, par le 5e Dalaï-lama à l'abbé du monastère Tashilhunpo de Shigatse. Second dans la lignée *Gelugpa*, après le dalaï-lama, ce dernier reconnaît leur réincarnation. Ainsi, en 1995, le 14e Dalaï-lama reconnaît un jeune nomade, Gendun Choekyi Nyima, comme étant la réincarnation du 10e Panchen-lama. Peu après, les Chinois l'enlèvent. L'enfant devient le plus jeune prisonnier politique du monde.

Pèlerinage, nekhor (t.) : cette marque de dévotion est une pratique ancienne datant du début du bouddhisme en Inde, inspirée par le Bouddha Sakyamuni. Son but est d'être bénéfique pour soi (afin d'améliorer son *karma**) et pour l'humanité. Tout Tibétain (laïc ou religieux) espère réaliser au moins une fois dans sa vie un pèlerinage à Lhassa.

Les Pèlerins (nekhorpa) se rendent dans certains lieux sacrés comme le mont Kailash, *Kang Rinpoche* (t.), la « montagne précieuse ». Montagne, lac, rivière, monastère, grotte, lieu de naissance ou de vie d'un saint… possèdent, selon la tradition bouddhique, des pouvoirs surnaturels propices à la méditation.

Photographie : depuis 1959, posséder une photo du Dalaï-lama ou du drapeau tibétain est passible de prison. Il n'y a aucune tolérance.

Plantes médicinales : le Bureau des statistiques de la Région autonome du Tibet a publié, le 26 mars 2009, dans *Beijing Review*, les chiffres comparatifs suivant : En 1978, 71 tonnes de médicaments à base de plantes médicinales tibétaines étaient produites. En 2008, la Chine en produit 1356 tonnes. La majorité de ces plantes médicinales sont des racines.

Prière : Puja (t.).

Puja : prières ou offrandes religieuses.

Q

QingZang : en chinois, *Qing* est l'abréviation de la province chinoise du *Qinghai*, *Zang* est l'abréviation de Xizang, qui signifie « le trésor de l'Ouest » en traduction littérale. Xizang ne désigne que la Région autonome du Tibet, créée en septembre 1965.

Quatre Rivières, six montagnes : la résistance khampa.

R

Ramoche (temple) : a été construit au VIIe siècle pour abriter la statue du Jowo Sakyamuni*.

Région autonome du Tibet (RAT), Xizang (ch.) : créée en 1965, elle inclut les provinces centrales de l'Ü et du Tsang, la province occidentale du Ngari et l'ouest du Kham. Sa capitale est Lhassa.

Rééducation : la campagne d'« éducation patriotique » a été lancée en 1996 dans les monastères et les couvents. Les moines et les nonnes doivent participer à des séances collectives de critique du Dalaï-lama, signer des dénonciations contre son influence et se soumettre à l'idéologie politique communiste.

Réfugié : l'article premier de la Convention de Genève de 1955 sur le statut des réfugiés stipule qu'un réfugié est une personne « *craignant avec raison d'être persécutée du fait de sa race, de sa religion, de sa nationalité, de son appartenance à un certain groupe social ou de ses opinions politiques, se trouve hors du pays dont elle a la nationalité et qui ne peut ou, du fait de cette crainte, ne veut se réclamer de la protection de ce pays ; ou qui, si elle n'a pas de nationalité et se trouve hors du pays dans lequel elle avait sa résidence habituelle à la suite de tels événements, ne peut ou, en raison de ladite crainte, ne veut y retourner*».

Réservoir : le Tibet est souvent défini comme le « réservoir de l'Asie ». Le Yarlung Tsangpo (Brahmapoutre), l'Indus, le Gange, la Sutlej prennent leur source à proximité du mont Kailash, Gang Tise (t.), au nord-ouest du Tibet et se dirigent vers l'Inde. La Salouen, le Mékong et le Yangtse naissent au nord-est du haut plateau et arrosent la Chine et l'Asie du Sud-Est.

Résistance : quatre Rivières, six Montagnes.

Ressources naturelles : avant 1959, les ressources naturelles étaient protégées. Les montagnes, les rivières et les lacs, considérés comme résidence de divinités n'étaient pas ou peu exploités. Une étude publiée, par le *China Daily,* en février 2007, indique que le Toit du monde serait riche de 40 millions de tonnes de cuivre, d'autant de plomb et de zinc, de plusieurs milliards de tonnes de minerai de fer. Seize grands gisements de cuivre, fer, plomb et zinc ont été découverts le long de la ligne de chemin de fer Qinghai –Tibet. Le Tibet est aussi riche en or, borax et uranium.

Rigsum Gömpo (t.) : les quatre chapelles entourant le Jokhang, aux quatre points cardinaux. Elles sont appelées les chapelles des dieux de la porte (*go lha*). Leur construction daterait du VIIe siècle.

Rilbu : capsule médicinale contenant souvent des substances sacrées bénites par un lama.

Rinpoche : terme honorifique pour un maître tibétain, souvent responsable de monastère.

Rongpa (t.) : fermier, habitant des vallées.

S

Sakya : école bouddhique fondée en 1073 par Kon Chöyal Pho. Elle prit le nom de son monastère d'origine. Elle fut la première secte à établir un lien maître religieux / protecteur avec l'empire mongol des Yuan.

Sangha : communauté bouddhique de moines et de nonnes.

Samye : sur la rive nord du Yarlung Tsangpo, Samye est la première école monastique. Elle a été fondée en 779, sous le règne de Trisong Detsen, conseillé par le maître indien Guru Rinpoche.

Shötun : la tradition de la « Fête du yaourt » remonte au milieu du XVe siècle. Les fonds recueillis étaient entre autre utilisés pour financer la construction de ponts métalliques par Tangton Gyalpo. Les nomades avaient aussi pour tradition d'offrir, à cette période, des yaourts aux monastères.

Songtsen Gampo (env. 617-650) : roi de la dynastie Yarlung, intronisé à 13 ans.

Stupa (s.) : cf *Chörten* (t.).

Superficie : avant l'occupation chinoise de 1959, le Tibet avait une superficie d'environ 3 800 000 km² (5,5 fois la France), soit le quart de la superficie de la Chine. Aujourd'hui, la Région autonome du Tibet (RAT) ne couvre plus que 1 200 000 km² (2,2 fois la France).

T

Tara (s.) : cf. *Drölma* (t.).

TCV : village des enfants tibétains (Tibetan Children's Village) dont le siège est à Dharamsala (Inde).

Thangka : « Qui se déroule ». Rouleau de peinture sur toile tendue entre deux baguettes. Les *thangka* qui sont principalement des représentations religieuses (*mandala*, divinités...), ont aussi des motifs pour la médecine, l'astrologie, les plantes. Une mode récente propose des *thangka* de représentations photographiées.

Trisong Detsen (742-787), « deuxième roi religieux ». Sous son règne, le bouddhisme est déclaré religion d'État. La première école monastique *Samye* est fondée en 779.

Tritsun (t.), Brikuti Devi (n.) : première épouse étrangère du roi Songtsen Gampo (VIIe s.).

Troulkou : selon la tradition, le dalaï-lama faisait un pèlerinage au lac-oracle Lhamo-Latso au sud-est de Lhassa. Puis, il laissait des instructions assez précises pour retrouver l'endroit de naissance du jeune enfant qui serait son successeur. À sa mort, des lamas partaient sur ses indications à la recherche de l'enfant. Cette quête durait environ trois ans. Lorsque plusieurs enfants étaient sélectionnés, des tests étaient faits pour découvrir le véritable *troulkou.* L'enfant devait, entre autres, reconnaître sans hésiter des objets lui ayant appartenu. Entre le jour du décès du dalaï-lama et le jour où sa réincarnation était devenu suffisamment adulte pour prendre le pouvoir, un régent s'occupait des affaires de l'État.

Tsampa : farine d'orge grillée, nourriture traditionnelle de base pour les Tibétains.

Tsangpo (t.) : fleuve, grande rivière.

Tsethang (t.), Zetang (ch.). Ville à l'entrée de la vallée du Yarlung.

Tso : lac en tibétain. Le Tibet est riche de plusieurs milliers de lacs. Les plus connus sont le Manasarovar au pied du mont Kailash; le Namtso et le Kokonor, aux eaux salées, au nord-est de Lhassa; le Yamdrok au sud-ouest de Lhassa. Comme pour les montagnes, les Tibétains ont attribué des pouvoirs spirituels exceptionnels à certains d'entre eux. Effectuer un pèlerinage autour de ces lacs contribue à acquérir des mérites.

Tsuglagkhang, autre appellation du Jokhang qui signifie « lieu de dévotion ».

V

Vêtement traditionnel : Chuba (t.).

W

Wenchen : fille de Taizong, empereur chinois de 626-649 de notre ère sous la dynastie Tang. Seconde épouse étrangère du roi Songtsen Gampo.

Y

Yarlung (vallée du -) : la légende et la réalité se confondent ici pour définir le lieu de « berceau de la civilisation tibétaine ». Elle se situe sur la rive gauche du Yarlung Tsangpo, au sud de Lhassa. Les tombeaux des premiers rois tibétains de l'empire Yarlung (VIIe-IXe siècle) y ont été découverts. D'après la légende, les Tibétains seraient les descendants d'un singe (émanation d'Avalokitesvara) et d'une démone (émanation de Tara).

Yarlung Tsangpo : prend sa source au pied du Mont Kaïlash. Il traverse, sur plus de 2 500 kilomètres le Tibet, d'ouest en est par le sud, pour continuer en Assam (Inde). Là, il devient Brahmapoutre. Cf. Réservoir.

Yumbu Lhakhang : selon la légende, il aurait été érigé en l'an 127 avant notre ère, pour le roi Nyatri Tsempo, descendu des cieux sur une crête en forme de patte de « mère-daim ».

X

Xizang (ch.) : région autonome du Tibet (RAT) créée en 1965 par la République populaire de Chine.

Remerciements des auteurs,
Marie-Florence Bennes et Christian Rausch

Lorsque nous avons proposé une exposition sur le Tibet à Jean Guibal, directeur de la culture et du patrimoine du Conseil général de l'Isère, et à Jean-Claude Duclos, conservateur en chef du patrimoine, directeur du Musée de la Résistance et de la Déportation de l'Isère et du Musée dauphinois, nous souhaitions montrer symboliquement des événements qui ont marqué le cours de l'histoire du haut plateau depuis une soixantaine d'années. Jean-Claude Duclos a accueilli notre projet avec attention et intérêt. Il a souhaité qu'un ouvrage accompagne l'exposition. Pour le seconder, il a fait appel à Olivier Cogne. Malgré les difficultés d'une telle entreprise, tous deux nous ont toujours soutenus et aidés. Alban Gassaud, étudiant stagiaire au Musée dauphinois, a rejoint l'équipe.

Nous voulons aussi remercier chaleureusement les personnes qui nous ont aidés, soit dans nos voyages, soit dans la relecture, la correction, la réalisation de ce livre : Lorette et Jean, Michael Andersen, Wango Bashi, Katia Buffetrille, Rigzin Choedon Genkhang, Jampal Chosang, Nagwang et Phunsok Dakpa, Jocelyne Doguet, Jigme Dorji, Émilie Escoulen, Romain Fourcy, Marie Holzman, Fabienne Jagou, Agnès Jonquères, Pascal Kober, Jean Lassale, Didier Levallois, Danièle Masset, Emmanuel Ostré, Franck Philippeaux, Philippe Quoturel, Théophile Rausch, Leïla Shahshahani, Volodia Shashahani, Lok P. Silawal, Chantal Truc, Fabien Vidotto, Dominique Vulliamy, Tashi Wangdi.
Les amis du Tibet, que nous ne pouvons malheureusement pas nommer et ceux de Dharamsala : Damien, Karma Dorjee, Deckyi Ratukstang, Ratuk Ngawang, Tashi Yangzom.

MUSÉE DAUPHINOIS
isère
CONSEIL GÉNÉRAL

Marie-Florence Bennes,
journaliste,

est diplômée en anthropologie sociale et visuelle (Ecole des Hautes Etudes en Sciences Sociales, Paris), en journalisme (CFPJ, Paris) et en *chinois* (Jussieu et Inalco, Paris). Elle a travaillé cinq ans au quotidien *« Libération »* et dix-sept ans à la rédaction du *« Monde »*. Elle a vécu une année à New York, une année à Shanghai et sillonne depuis plus de trente ans le territoire asiatique, particulièrement la Chine, le Tibet et les régions himalayennes. De retour dans les Alpes, elle écrit de nombreux articles pour différents journaux et magazines dont *Le Monde2*, *Historia*, *Grands Reportages*, *L'Alpe* et des revues et magazines régionaux. Elle est aussi guide culturelle en Chine et au Tibet pour « La Maison de la Chine » à Paris.

Christian Rausch,
photojournaliste free lance,

formé à l'école Louis Lumière. Il est diffusé par l'agence Rapho. Après des débuts à *Libération*, au *Figaro* et à l'agence *Viva*, il travaille pour la presse magazine nationale et internationale, pour l'industrie et les institutionnels. Il a collaboré avec *Médecins du Monde* pendant 12 ans. Il est référencé comme photographe humaniste.
Publications dans la presse magazine nationale et internationale : *Le Monde2*, le *Figaro-magazine*, *Marie-Claire*, *Paris-Match*, *la Vie*, *l'Alpe*, *le New York Time*, *Femina*, *Der Spiegel*, *Courrier Japon*, *Alpe Loisirs*...
Publications dans l'édition : *Hazan* et *Acte Sud* pour des ouvrages sur le bambou et aux éditions *Patrimoine en Isère* pour l'illustration d'un livre de Philippe Hanus « l'appel des Coulmes ». Auteur des photographies du livre « êtres à Grenoble », *Critères éditions*.

Cet ouvrage est une production de Critères éditions.
Collection « Obscura Lucida »
Art work et réalisation : www.designvisuel.com, Baumgartner

Achevé d'imprimer en France au quatrième trimestre 2009

Critères éditions - 11, rue Aimé Berey 38000 Grenoble
Tél. 04 76 84 90 76 - email : editions@criteres.org
www.criteres.org

ISBN 978-2-917829-16-5
Dépôt légal à parution

critères éditions